O DOMÍNIO
DE SI MESMO

Dados Internacionais de Catalogação na Publicação (CIP)
(Câmara Brasileira do Livro, SP, Brasil)

Ruiz Junior, Miguel
　O domínio de si mesmo : guia tolteca para o autoconhecimento / Don Miguel Ruiz Jr. ; tradução de Guilherme Summa. – 1. ed. – Petrópolis, RJ : Vozes, 2023.

　Título original : The Mastery of Self

　1ª reimpressão, 2025.

　ISBN 978-65-5713-881-6

　1. Autoatualização (Psicologia) 2. Autorrealização (Psicologia) – Inspiração 3. Conduta de vida 4. Paz de espírito I. Título.

22-140239   CDD-158.1

Índices para catálogo sistemático:
1. Autorrealização : Psicolofgia aplicada   158.1

Aline Graziele Benitez – Bibliotecária – CRB-1/3129

DON MIGUEL RUIZ JR.

O DOMÍNIO DE SI MESMO

Guia tolteca para o autoconhecimento

Tradução de Guilherme Summa

© 2016 by Don Miguel Ruiz Jr.

Tradução realizada a partir do original em inglês intitulado *The Mastery of Self – A Toltec Guide to Personal Freedom*.

Direitos de publicação em língua portuguesa – Brasil:
2023, Editora Vozes Ltda.
Rua Frei Luís, 100
25689-900 Petrópolis, RJ
www.vozes.com.br
Brasil

Todos os direitos reservados. Nenhuma parte desta obra poderá ser reproduzida ou transmitida por qualquer forma e/ou quaisquer meios (eletrônico ou mecânico, incluindo fotocópia e gravação) ou arquivada em qualquer sistema ou banco de dados sem permissão escrita da editora.

Conselho Editorial

Diretor
Volney J. Berkenbrock

Editores
Aline dos Santos Carneiro
Edrian Josué Pasini
Marilac Loraine Oleniki
Welder Lancieri Marchini

Conselheiros
Elói Dionísio Piva
Francisco Morás
Teobaldo Heidemann
Thiago Alexandre Hayakawa

Secretário executivo
Leonardo A.R.T. dos Santos

Produção editorial
Anna Catharina Miranda
Eric Parrot
Jailson Scota
Marcelo Telles
Mirela de Oliveira
Natália França
Priscilla A.F. Alves
Rafael de Oliveira
Samuel Rezende
Verônica M. Guedes

Diagramação: Sheilandre Desenv. Gráfico
Revisão gráfica: Alessandra Karl
Capa: Renan Rivero
Ilustração de capa: Cover design by Emma Smith
Cover art © Nicholas Wilton | Illustration Source

ISBN 978-65-5713-881-6 (Brasil)
ISBN 978-1-93828-953-8 (Estados Unidos)

Este livro foi composto e impresso pela Editora Vozes Ltda.

Para todos aqueles que amo.

Liberte-se da escravidão mental; ninguém pode libertar nossa mente senão nós mesmos.

– Bob Marley

Um momento de clareza sem qualquer ação é apenas um pensamento que se vai com o vento. Mas um momento de clareza seguido de ação é um momento transformador em nossa vida.

– Don Miguel Ruiz Jr.

Sumário

Mensagem do editor: como nasceu este livro 9

Explicação de termos-chave 13

Introdução 17

1. Forjando um mestre 21

2. Compreendendo nossa domesticação e apegos 31

3. Amor incondicional por si mesmo 57

4. Amor incondicional pelos outros 77

5. Identificando os gatilhos e manobrando as armadilhas 99

6. Interrompendo o ciclo do automático 123

7. Múltiplas máscaras 141

8. Definição de objetivos 161

9. Comparação e competição 181

Meu desejo para você 201

Agradecimentos 211

Mensagem do editor
Como nasceu este livro

Conhece-te a ti mesmo.

Estas eram as palavras inscritas na entrada do Templo de Apolo, morada do Oráculo de Delfos, possivelmente a mulher mais célebre de toda a Grécia Antiga. A História nos conta que milhares e milhares de pessoas, incluindo reis, rainhas, estadistas, filósofos, bem como pessoas comuns, viajavam todos os anos centenas de quilômetros ou mais para receber sua orientação profética. O templo em si era uma imponente estrutura que atingiu seu ápice de influência em meados do primeiro milênio AEC. Na época, era considerado o santuário religioso mais importante de toda a Grécia.

Construir um templo enorme como aquele, mesmo com nosso maquinário avançado e tecnologia moderna, até para os padrões atuais ainda assim representaria uma grande empreitada. Arquitetos modernos se maravilham com a inteligência, perícia e trabalho envolvidos na criação do templo, mas o que acho mais fascinante é que, de todas as mensagens que poderiam ter sido inscritas em sua entrada, foi escolhido o axioma "Conhece-te a ti mesmo". Talvez o oráculo quisesse se certificar de que, se você só conseguisse se lembrar de uma única mensagem de sua peregrinação, que fosse esta, então. Sempre me pergunto como seria o mundo hoje se algumas de nossas religiões modernas ensinassem que o autoconhecimento, ao invés da obediência cega à orientação externa e a dogmas, é o supremo objetivo do caminho espiritual.

Não muito depois do apogeu do oráculo, e do outro lado do mundo, um grupo de indivíduos se reuniu para formar uma nova civilização no que hoje corresponde ao centro-sul do México. Eles se autodenominavam toltecas, que significa "artistas". Mas tais indivíduos não eram artistas no sentido tradicional do termo (embora alguns também fossem pintores e escultores); em vez disso, viam-se como artistas da vida, e o mundo que habitamos como a tela na qual pintavam sua obra-prima. O legado dos toltecas e seus ensinamentos foram transmitidos de geração para geração, muitas vezes em segredo quando a política da época assim o exigia, e don Miguel Ruiz Jr. é o último mestre da linhagem dos Cavaleiros Águia do povo tolteca.

Quando Miguel me abordou com a ideia de escrever um livro sobre autodomínio, não pude deixar de pensar no Oráculo de Delfos e seu ensinamento de 2.500 anos do *Conhece-te a ti mesmo*. Fiquei imaginando como esse sábio conselho se manifestaria no contexto de sua ancestralidade tolteca. Tenho o prazer de comunicar que o livro que você tem em mãos agora transmite exatamente isso – e muito, muito mais. Miguel apresenta a sabedoria ancestral de uma forma moderna e nos ajuda a aplicar esta verdade atemporal do *Conhece-te a ti mesmo* em nossa vida cotidiana.

Nos capítulos iniciais, Miguel apresenta os fundamentos para o livro, fornecendo uma estrutura baseada em sua tradição tolteca. Ele explica como os eventos e as ações de seu passado moldaram a sua realidade presente. Nos capítulos seguintes, ele trata de atacar de fato o tema, proporcionando-lhe as ferramentas de que precisa para descobrir quem você é num nível mais profundo, revelar aquelas crenças autolimitantes que você erroneamente aceitou como fatos, e libertar-se de quaisquer apegos aos quais esteja aferrado e que continuamente o arrastam para baixo. Os capítulos posteriores irão ajudá-lo a traçar um novo curso para onde você realmente quer chegar, que para alguns pode ser um destino muito diferente daquele para o qual estão rumando hoje.

Miguel já me ressaltou em várias ocasiões que não basta apenas ler a informação contida nestas páginas; é quando você escolhe incorporar esse conhecimento em sua vida que você colhe os benefícios. Com esse objetivo em mente, ao fim de vários capítulos, ele incluiu exercícios que foram elaborados para ajudá-lo a fazer exatamente isso. Retornando por um momento ao universo grego, podemos dizer que os exercícios são o momento no qual *logos* (conhecimento) se torna *praxis* (prática) – ou, como escreve Miguel, "compreender os ensinamentos é o primeiro passo, mas aplicá-los é o que faz de você um Mestre".

Portanto, sem mais delongas, é com grande prazer que lhe apresento esta obra de don Miguel Ruiz Jr., *O domínio de si mesmo*. Que ela lhe sirva bem em sua jornada de autodescoberta.

Randy Davila
Editor da Hierophant

Explicação de termos-chave

Aliado – A voz do seu narrador interno quando o inspira a viver, criar e amar de forma incondicional. O aliado também pode oferecer um diálogo interno construtivo.

Apego – Ação de pegar algo que não faz parte de você e torná-lo parte de você por meio de um investimento emocional ou energético. Você pode se apegar a objetos externos, crenças, ideias e até mesmo a papéis que desempenha no mundo.

Eu Autêntico – O Divino dentro de você; a força que dá vida à sua mente e ao seu corpo. É semelhante ao conceito de espírito ou alma que está presente em muitas tradições religiosas, mas não é exatamente a mesma coisa.

Consciência – Prática de prestar atenção no momento presente ao que está acontecendo dentro de seu corpo e sua mente, bem como em seu entorno imediato.

Domesticação – O principal sistema de controle no Sonho do Planeta. Desde muito jovens, somos submetidos a uma recompensa ou a uma punição por adotarmos as crenças e comportamentos que os outros consideram aceitáveis. Quando adotamos essas crenças e comportamentos como resultado de recompensa ou punição, podemos dizer que fomos domesticados.

Sonho do Planeta – A combinação de cada um dos seres no Sonho Pessoal do mundo, ou, o mundo em que vivemos.

Narradores – As vozes em sua mente que conversam com você ao longo do dia; o narrador pode ser positivo (aliado) ou negativo (parasita).

Parasita – A voz do narrador quando usa suas crenças, formadas por meio da domesticação e do apego, para ter poder sobre você, impondo condições ao seu amor por si próprio e autoaceitação. Essa voz negativa causa tristeza, ansiedade e medo.

Sonho Pessoal – A realidade única criada por cada indivíduo; sua perspectiva pessoal. É a manifestação da relação entre sua mente e seu corpo.

Povo tolteca – Antigo grupo de nativos americanos que se reuniu no sul e no centro do México para estudar percepção. A palavra *tolteca* significa "artista".

Guerreiro tolteca – Aquele que se compromete a aplicar os ensinamentos da tradição tolteca para vencer a batalha interna contra a domesticação e o apego.

Introdução

Imagine por um momento que você está em um sonho.

Neste sonho, você participa de uma grande festa com milhares de pessoas, onde você é o único indivíduo sóbrio e todo o restante está sob os efeitos do álcool. Os outros convivas estão em diversos estágios de bebedeira. Alguns tomaram apenas um ou dois drinques e estão só um pouco altos; a maioria atingiu o nível de completa embriaguez; e há aqueles tão bêbados que estão passando vergonha diante dos demais das formas mais extravagantes possíveis. Podem até ter perdido a consciência, pois suas ações parecem totalmente fora de controle.

Alguns dos indivíduos nesta festa são seus amigos e familiares, outros são conhecidos, mas a maioria você não conhece. Você tenta conversar com algumas poucas pessoas, mas logo percebe que o grau de embriaguez em que se encontram alterou nelas a capacidade de se comunicar com clareza; nublou-lhes a perspectiva. Você também percebe que cada pessoa vivencia a festa de forma diferente, dependendo de quão alcoolizada está, e suas interações mudam a cada dose de bebida.

Os convidados da festa variam de barulhentos, extrovertidos e alegres a tímidos, quietos e taciturnos. Enquanto a festa continua a todo vapor, você observa todos alternarem entre as duas extremidades do espectro: de feliz a triste, de animado a apático. Eles brigam e fazem as pazes, discutem, abraçam-se e tornam a discutir, e você assiste enquanto esse tipo de comportamento estranho se repete indefinidamente em ciclos ao longo da noite. Você se dá conta de que, embora estejam bêbados, não é a bebida em si o que mais desejam, mas sim o drama da festa.

Conforme a noite prossegue, suas interações com os participantes variam de pessoa para pessoa. Enquanto alguns são agradáveis, outros têm o potencial de se tornarem explosivos num piscar de olhos. Como a percepção deles está turva, reagem emocionalmente a situações que você pode ver serem pura fantasia. Para alguns deles, o sonho se tornou um pesadelo.

O mais importante de tudo: está claro que ninguém nesta festa sabe que tudo isso não passa de um sonho.

Então, ocorre-lhe que esta não é uma festa nova, mas uma da qual você já participou. Em determinado momento, você foi exatamente como eles. Transitou por todos os vários estágios de bebedeira, comportando-se da mesma forma como aqueles ao seu redor agora. Conversou embotado pela névoa da bebida, juntou-se à insensatez da festa e permitiu que a embriaguez guiasse suas ações.

Por fim, fica evidente que ninguém ali percebe que neste momento você está sóbrio. Acham que você ainda está bêbado, assim como eles. Não enxergam o caminho que você está trilhando, somente o deles próprios. Eles o veem apenas como uma distorção, projetada por suas mentes comprometidas pelo álcool, não como você de fato é. Também estão completamente alheios ao verdadeiro efeito que a bebida alcoólica tem sobre eles. Cada qual está perdido em seu próprio sonho da festa. Não percebem como suas interações não estão mais sob controle. Como resultado, tentam o tempo todo seduzi-lo para que você se junte ao drama da festa, para que se reúna à insensatez que a percepção distorcida dos participantes criou.

O que você vai fazer?

1

Forjando um mestre

No auge de sua jornada, uma guerreira tolteca limpa sua mente de crenças, domesticação e apegos, marcando o fim de uma guerra interior pela liberdade pessoal. Ao seu redor, há um número infinito de possibilidades, cada qual uma escolha que leva a uma direção única na vida. Quando ela faz uma escolha por meio de sua ação, sabe que o caminho que segue não é, em última análise, diferente dos outros caminhos, pois todos conduzem ao mesmo lugar. Ela não exige resultado algum, pois percebe que não há nenhum lugar para onde precise ir e nada que ela precise fazer para encontrar a si mesma. Sua ação é fruto da pura alegria de perceber que está viva neste momento para escolher uma entre tantas possibilidades.

Essa forma de viver com uma mente tranquila cria um estado de pura felicidade que se origina do fato de se estar inteiramente presente no momento. Na verdade, nada importa além do presente, porque é o único lugar onde a vida pode se expressar.

Trata-se de um estado que muitos de vocês vivenciaram em algum momento de sua vida, quando estavam envolvidos por completo no agora. Algumas pessoas experimentam isso enquanto estão se exercitando, criando algo conscientemente, em contato com a natureza, fazendo amor ou, é claro, meditando ou orando. É o momento em que a mente e o corpo estão em plena consciência da experiência da vida. Também se pode dizer que é nesses momentos que muitas vezes alcançamos um estado puro de amor incondicional por tudo e por todos, inclusive por nós mesmos.

Embora viver em tempo integral neste estado de pura felicidade seja uma meta para muitos, a maioria concorda que é mais fácil falar do que fazer – ainda mais se não vivermos isolados do mundo. Cercados por outras pessoas, escolhemos com quem iremos interagir e nos envolver, e muitas vezes é nessas interações que o problema começa.

Na tradição tolteca, a principal função da mente é sonhar ou perceber e projetar informações. O Sonho Pessoal é a realidade única criada por cada indivíduo; é a sua perspectiva, uma manifestação da relação entre mente e corpo, e a intenção é a energia que anima a ambos. À medida que nosso conhecimento e experiência compartilhados se misturam, nós cocriamos o Sonho do Planeta, que é a combinação de cada ser no Sonho Pessoal do mundo. Ao passo que vivemos sonhos individuais com base em nossas percepções individuais, o Sonho do Planeta é a manifestação de nossas intenções compartilhadas, onde permitimos que nossas ideias e compromissos fluam entre nós. Se houver harmonia no Sonho Pessoal, haverá uma oportunidade constante de harmonia com o Sonho do Planeta.

Como você está lendo este livro, é provável que não viva enclausurado em um mosteiro ou ashram, ou completamente só no alto de uma montanha. Você optou por interagir com o mundo e quer se divertir no processo. A solidão pode ser uma ótima ferramenta para a cura e a comunhão consigo mesmo, mas são nossas interações com os outros que nos permitirão prosperar e desfrutar de uma vida ativa. Se a vida é como um parque de diversões, você veio para andar nos brinquedos.

Mas interagir no Sonho significa que você provavelmente desenvolverá preferências por certos caminhos potenciais – ou, em outras palavras, terá desejos e vontades. Quando você se torna muito apegado a esses desejos e eles não são realizados, o resultado é que você sofre. Há também bilhões de outras pessoas envolvidas na cocriação do Sonho do Planeta, muitas das quais têm desejos e vontades diferentes dos seus. Sem respeito e compreensão, dramas, desentendimentos e até mesmo conflitos certamente ocorrerão. Isso levanta a questão: existe uma forma de você usufruir de uma vida ativa sem se apegar demais às suas preferências pessoais? Você consegue permanecer calmo e equilibrado ao lidar com os outros, enxergando-os e a si mesmo através dos olhos do amor condicional e, consequentemente, não se deixar envolver pelo drama da festa? Em minha experiência, a resposta a ambas as perguntas é sim, e esse é o tema deste livro. Isso pode ser feito por meio de um processo denominado Domínio de Si Mesmo.

Você se torna Mestre de Si Mesmo quando consegue interagir no Sonho do Planeta e com todos nele sem perder de vista o seu Eu Autêntico ao mesmo tempo em que mantém a consciência de que cada escolha que você faz é de fato sua. Você não está mais preso ao drama da festa. Quando você interage com o Sonho do Planeta com a consciência e a lembrança de que é apenas um sonho, você é capaz de se mover sem amarras, livre das correntes do apego e da domesticação.

Um apego é a ação de pegar algo que não faz parte de você e torná-lo parte de você por meio de um investimento emocional ou energético. Quando você se apega a alguma coisa no Sonho do Planeta, você sofre toda vez que o objeto de seu apego é ameaçado; e isso é verdadeiro, não importa se a ameaça é real ou uma ilusão. A maioria das pessoas não só se apega aos seus desejos e vontades em questões materiais, mas também às suas crenças e ideias. Embora um apego seja algo que pode ocorrer naturalmente no momento, torna-se prejudicial quando você perde a capacidade de se desapegar dele quando o momento termina ou quando a crença não reflete mais a verdade. Em muitos aspectos, os apegos às crenças são muito mais nocivos do que os apegos a itens externos, porque detectar crenças e ideias e deles se libertar é muito mais difícil.

A domesticação é o sistema de controle no Sonho do Planeta; é a maneira como aprendemos o amor condicional. Desde muito jovens, somos submetidos a uma recompensa ou a uma punição por adotarmos as crenças e comportamentos de outras pessoas no Sonho. Esse sistema de recompensa e punição, ou domesticação, é usado para controlar nosso comportamento. O resultado da domesticação é que muitos de nós desistimos de quem realmente somos em troca de quem pensamos que deveríamos ser e, consequentemente, acabamos vivendo uma vida que não é a nossa. Aprender como identificar e nos libertar de nossa domesticação, e reivindicar quem realmente somos no processo, é a marca registrada de um Mestre de Si Mesmo.

Quando você se torna de tal forma domesticado a uma crença ou ideia ou apegado a ela a ponto de não conseguir abandoná-la, suas escolhas se limitam até que qualquer noção de escolha seja na verdade uma ilusão. Suas crenças agora o definem e irão ditar sua escolha. Você não é mais Mestre de Si Mesmo, pois sua domesticação e apegos o estão controlando. Como resultado, você lida com os outros e consigo mesmo de uma forma que não constitui o melhor para você. Você se juntou ao drama da festa e agora é ele que molda o seu Sonho Pessoal.

O Sonho do Planeta está cheio de armadilhas para atraí-lo de volta ao drama da festa, e cair em uma delas pode acontecer em um piscar de olhos. Se você decide interagir com o mundo, evitar todas as armadilhas é praticamente impossível. No entanto, quando você se torna consciente de que está caindo em uma armadilha, o simples ato de perceber isso permite que você comece a recuperar o controle. À medida que você se aprimora em identificar as armadilhas e compreender suas próprias emoções e crenças subjacentes que as tornam armadilhas para você, é menos provável que você morda a isca. E, mesmo quando o faz, você pode se libertar de seja lá qual for o objeto de seu apego tão rapidamente quanto sua vontade ditará. Pode parecer contraditório, mas *você escolhe largar para estar no controle*. Fazer isso é o Domínio do Si Mesmo em ação.

Como Mestre de Si Mesmo, você pode se relacionar com outras pessoas, mesmo com aquelas que discordam de você, enquanto ainda continua alicerçado pelo seu Eu Autêntico. Você é capaz de manter seu livre-arbítrio e respeitar o livre-arbítrio dos outros. Saber que os outros o veem de uma forma específica lhe dá escolhas quando você interage com eles. Você se metamorfoseia apenas na percepção deles, e ter a consciência disso lhe permite permanecer fiel a si mesmo e não ceder à tentação de aceitar as definições dos outros sobre quem você é. Você se dá conta de que não precisa assumir imagem alguma que os outros projetam em você, porque você sabe que não é a sua realidade. Com essa consciência, você será mais capaz de cocriar harmoniosamente com os outros, tornando os relacionamentos que lhe são mais caros mais gratificantes e enriquecedores.

O mais importante de tudo é que, quando se torna Mestre de Si Mesmo, você sabe como permanecer alicerçado pelo seu Eu Autêntico, independentemente do que está acontecendo ao seu redor. Você também tem a consciência para perceber rápido quando está agindo de uma forma que não é útil para você ou para os outros e pode identificar as situações em que está alimentando seu ego, ou a falsa noção de si mesmo, em vez de viver em paz.

Dessa forma, você se liberta do drama e do sofrimento autoinfligido criado por tantas pessoas.

Sem consciência sobre como interagir com o Sonho do Planeta e os seres que o criam, é muito fácil internalizar o que está acontecendo ao seu redor, ou esquecer de que tudo não passa de um sonho. Como resultado, seus apegos aumentam até que você seja consumido pelo drama da festa. Tornar-se Mestre de Si Mesmo trata-se de manter a consciência de seu centro enquanto está interagindo com o Sonho do Planeta, lembrando-se de que é tudo um sonho. Permanecer centrado enquanto interage com o mundo é muito mais fácil de falar do que fazer, e este livro será dedicado justamente a ensiná-lo como fazer isso.

O domínio de si mesmo não é uma ideia restrita à tradição tolteca, pois cada forma de disciplina espiritual fornece um mapa para nos ajudar a viver em harmonia dentro do Sonho do Planeta, ao libertar nossa mente da tirania de nosso próprio pensamento e de sermos afetados pelas projeções dos outros. Posto isto, a tradição tolteca oferece algumas contribuições únicas a esse esforço, e nós as discutiremos com mais detalhes nas páginas a seguir.

Antes de desmontar e remontar o mundo à nossa volta, começando por nós mesmos, precisamos de uma maior compreensão a respeito dos apegos, da domesticação e da diferença entre o amor condicional e o amor incondicional. Então, e somente então, podemos reconstruir nosso Sonho Pessoal em paz e harmonia.

2

Compreendendo nossa domesticação e nossos apegos

Há uma velha história tolteca que foi compartilhada através de gerações em minha família sobre um xamã que se autodenominava Espelho Enfumaçado. Ele deu a si mesmo esse título quando percebeu que a fumaça não apenas turvava sua visão e controlava sua vontade, mas também fazia o mesmo com todos à sua volta. Recontar a história de Espelho Enfumaçado será útil quando começarmos a nos aprofundar no Domínio de Si Mesmo.

Depois de muitos anos de estudo e em um momento de profunda percepção, um xamã experimenta a verdade: "Eu sou feito de luz; eu sou feito de estrelas. O nosso eu verdadeiro é puro amor, pura luz", diz ele. Ao olhar ao redor em sua aldeia, ele sabe que todos e tudo que vê são uma manifestação de Deus, e intuitivamente compreende que a jornada humana é um processo no qual o Divino torna-se consciente de Si Mesmo.

Guiado por tal percepção, o xamã imediatamente deseja compartilhar essa informação com todos em sua aldeia. Entretanto, quando o faz, fica claro para ele que ninguém a compreende. O xamã então percebe que há uma névoa enfumaçada entre ele e os outros, e essa névoa não permite que as pessoas enxerguem além da ponta de seus próprios narizes. A névoa controla cada uma de suas ações, cada crença.

O xamã também percebe que, conforme ele interage com os outros, a névoa tenta reassumir seu controle sobre ele. No entanto, assim que ele se dá conta de que a névoa está retornando, o simples ato de percebê-la faz a névoa se dissipar. À medida que a névoa recua, ele toma consciência de um espelho à sua frente e pode distinguir vagamente seu reflexo. Quando a névoa por fim se extingue, ele volta a ver a si mesmo por completo.

O xamã tem consciência de que ele é a verdade, e o reflexo no espelho, um lembrete; ele apenas reflete a verdade. Ele começa a perceber o reflexo como um instrumento da consciência.

Toda vez que a névoa começa a se aproximar sorrateiramente e impedi-lo de saber quem ele realmente é, ele pode olhar para o espelho. Se está enfumaçado ou ele não consegue enxergar a si mesmo, sabe que está no caminho errado, preso na névoa. Mas, assim que se lembra de seu Eu Autêntico, a névoa começa imediatamente a se dissipar. Para se lembrar de quem realmente é e do poder da névoa que nubla sua percepção, o xamã muda seu nome para Espelho Enfumaçado.

Esta inspiradora história resume um ensinamento fundamental na tradição tolteca de minha família. A névoa representa nossos apegos e nossas domesticações, que juntos nos impedem de experimentar a verdade sobre quem somos.

Domesticação

Deixe-me começar a explicar a domesticação com uma história simples.

Imagine um menino de oito ou nove anos almoçando com sua avó, que preparou uma sopa para a refeição da tarde. Eles se sentam juntos à mesa, conversando, desfrutando da companhia um do outro e do amor que compartilham.

Depois de comer metade da tigela de sopa, o menino percebe que está saciado.

– Eu não quero o restante, vovó. Estou empanturrado.

– Você tem que comer a sopa toda, mocinho – ela responde.

Quer você tenha ou não filhos, provavelmente está evidente o que a avó desse menino está tentando fazer. Suas intenções são admiráveis; ela quer que ele coma tudo para que fique bem nutrido. Quando ele se recusa a fazê-lo, ela tenta convencê-lo a comer mais, oferecendo-lhe então uma recompensa por fazer o que ela deseja. Esta é a primeira ferramenta da domesticação.

– Você deve terminar a sua sopa – diz ela. – Ela vai fazer você crescer e ficar grande e forte, como o Superman!

Mas o menino está determinado.

– Não, eu não estou com fome – insiste ele. – Eu não quero comer mais agora.

Além de não estar mais com fome, o menino também está gostando da experiência de se afirmar, pois lhe causa uma sensação poderosa dizer não, expressar seu livre-arbítrio. Ele também pode sentir o mesmo quando diz sim para as coisas que deseja, e lhe provoca um bem-estar fazê-lo. É assim que as crianças pequenas (incluindo nós mesmos quando éramos menores) aprendem sobre o poder da intenção: dizendo sim ou não.

Por fim, o menino atinge o limite da paciência da avó e, quando a cenoura na frente do burro não funciona, ela lança mão da vara para impor sua vontade sobre ele. Como muitos avós, e seus pais antes deles, ela cruza a linha do respeito por sua escolha e introduz a punição – neste caso, culpa e vergonha, que é a segunda ferramenta da domesticação.

– Você faz ideia de quantas crianças não têm o que comer no mundo? Elas estão passando fome! E aqui está você, desperdiçando comida. É pecado desperdiçar comida!

Agora, o menino está preocupado. Ele não quer parecer uma criança egoísta e muito menos ser visto como um pecador aos olhos de sua avó. Com uma sensação de derrota, ele cede e subjuga a própria vontade.

– Ok, vovó, vou terminar a minha sopa.

Ele começa a comer de novo e não para até que a tigela esteja vazia. Então, com a ternura que faz seu neto se sentir seguro e amado, a avó diz:

– Bom menino.

O menino aprende que, ao obedecer as regras do sonho, ele pode ganhar uma recompensa; neste caso, ele é um bom menino aos olhos de sua avó e recebe seu amor e incentivo. A punição seria ser visto como uma criança egoísta, um pecador aos olhos dela, e um menino mau.

Este é um exemplo simples da domesticação em ação. Ninguém duvida que a avó tem a melhor das intenções; ela ama o neto e quer que ele coma sua refeição, mas o método que ela está usando para atingir esse objetivo produz consequências negativas não intencionais. Sempre que a culpa e a vergonha são utilizadas como ferramentas para provocar uma ação, isso anula qualquer bem que foi alcançado. Eventualmente, esses elementos negativos irão se manifestar de uma forma ou de outra.

Neste caso, vamos imaginar que, quando esse menino crescer, a domesticação que se deu em torno dessa questão seja tão forte que ainda exerce um poder dominador sobre ele até a idade adulta. Por exemplo, muitos anos depois, ele vai a um restaurante onde lhe é servido um grande prato de comida e, na metade de sua refeição, seu corpo lhe sinaliza a verdade daquele momento: *Estou empanturrado.*

Consciente ou inconscientemente, ele ouve uma voz: *É pecado desperdiçar comida.*

Consciente ou inconscientemente, ele responde: *Sim, vovó,* e continua a comer.

Terminando seu prato como um bom menino, ele reage mais à sua domesticação do que às suas necessidades fisiológicas do momento. Naquele instante, ele age completamente contra si próprio, continuando a comer mesmo depois que seu corpo já o avisou que ele está satisfeito. A ideia está tão arraigada que anula a preferência natural de seu corpo por parar. Comer demais pode prejudicar seu organismo, o que é uma das consequências negativas neste caso de usar a culpa e a vergonha como ferramenta. A outra consequência é que ele está experimentando sofrimento interno ao reviver um momento passado de culpa e vergonha, e isso está controlando suas ações no presente.

Por fim, observe que sua avó nem mesmo está presente na situação atual, pois agora ele mesmo assumiu as rédeas da domesticação e subjugou a própria vontade sem a influência de ninguém mais. Na tradição tolteca, chamamos esse fenômeno de autodomesticação. Como meu pai gosta de dizer: "Os seres humanos são os únicos animais do planeta que domesticam a si mesmos".

A relação do menino com a avó faz parte do Sonho do Planeta, e o almoço da avó com o neto é um exemplo básico de como se manifesta a domesticação e a autodomesticação dentro do Sonho. A avó domesticou o neto naquele momento, mas ele continuou a domesticar a si mesmo muito depois disso. Autodomesticação é o ato de nos aceitarmos com a condição de vivermos de acordo com os ideais que adotamos de outros no Sonho do Planeta, sem jamais pararmos para considerar se esses ideais são o que de fato desejamos.

Embora as consequências de terminar uma tigela de sopa sejam mínimas, a domesticação e a autodomesticação podem também assumir formas muito mais sérias e nocivas. Por exemplo, muitos de nós aprendemos a criticar nossa aparência física porque ela não era "boa o bastante" para os padrões da sociedade. Foi-nos introduzida a crença de que não éramos altos o suficiente, magros o bastante, ou que não tínhamos a cor certa de pele, e no momento em que concordamos com tal crença, começamos a nos autodomesticar. Por termos adotado uma crença externa, ou rejeitamos ou tentamos mudar nossa aparência física para que pudéssemos nos sentir dignos de nossa própria aceitação e da aceitação dos outros. Imagine por um momento os muitos ramos de atividade que deixariam de existir se todos nós amássemos nossos corpos exatamente como são.

Só para esclarecer, domesticação relativa à imagem corporal é diferente de querer emagrecer por questões de saúde, ou mesmo preferir aparentar de certa forma. A principal diferença é que a preferência origina-se do amor por si mesmo e da autoaceitação, enquanto que com a domesticação você parte de um sentimento de vergonha, de culpa e da ideia de não ser "suficiente". A linha entre essas duas motivações pode às vezes ser tênue, e um Mestre de Si Mesmo é aquele que consegue buscar em seu interior e determinar a verdadeira razão.

Outra forma popular de domesticação no atual Sonho do Planeta gira em torno de classes sociais e posses materiais. Há uma crença velada disseminada pela sociedade de que aqueles que possuem mais "coisas" ou que têm determinados empregos são, de alguma forma, mais importantes do que o restante das pessoas. Eu, por exemplo, nunca conheci alguém que fosse mais importante do que qualquer outro indivíduo, pois todos nós somos criações belas e únicas do Divino. E, no entanto, muitas pessoas seguem carreiras de que não gostam e adquirem coisas que na verdade não querem ou não precisam, em um esforço para atingir a finalidade ilusória de aceitação por parte de seus pares e autoaceitação. Casos como esses (e podemos pensar em muitos outros) são os meios pelos quais a domesticação conduz à autodomesticação, e o resultado é que temos pessoas vivendo vidas que não são as suas próprias.

Deixe-me compartilhar um exemplo de um amigo próximo que foi domesticado dessa forma e como ele se libertou. Desde muito cedo, meu amigo foi encorajado pela família a se tornar advogado. Eles encheram sua mente jovem com histórias de dinheiro e poder, e lhe disseram que ele tinha todas as habilidades necessárias para ter sucesso nessa empreitada. Com o incentivo de sua família, meu amigo fez o curso preparatório e em seguida ingressou direto na faculdade de direito. Mas, pouco depois de lá chegar, descobriu que não suportava o exercício da advocacia. Em retrospecto, percebeu que havia sido domesticado à ideia de que ser advogado o tornaria rico, poderoso e, o mais importante de tudo, especial aos olhos de sua família; mas a verdade é que, ao adotar esse caminho, ele estava seguindo os sonhos deles em vez dos seus próprios. Quando ele anunciou à família que estava abandonando a faculdade de direito, muitos deles ficaram desapontados e tentaram desesperadamente fazê-lo mudar de ideia, mas ele conseguiu manter-se firme ao confiar em sua própria intenção. Isso aconteceu muitos anos atrás, e hoje ele acha até engraçado quando se recorda de seus antigos planos, já que está muito feliz com sua atual profissão de escritor e mestre espiritual.

Este exemplo ilustra como ideias plantadas em nós quando crianças e mais tarde na vida muitas vezes não refletem o caminho que desejamos trilhar. Mas, assim como o meu amigo, você tem a força dentro de você para se libertar de qualquer domesticação à qual tenha sido submetido, e o primeiro passo para fazê-lo é tomar consciência dessa domesticação e descobrir o que é verdadeiro para você.

Por último, quero deixar claro que, embora eu tenha me concentrado nos aspectos negativos da domesticação, nem toda domesticação resulta em consequências negativas. Em outras palavras, só porque uma ideia foi plantada em você via domesticação não significa que a ideia seja ruim e você deva rejeitá-la. Se ela for coerente com suas verdadeiras preferências na vida, isso é maravilhoso. Por exemplo, se meu amigo acabasse tomando gosto pela prática do direito, não haveria motivo para mudar de carreira. Depois de decidir por si só, com a mente límpida, que determinada ideia ou crença funciona para você, não há nada de errado em conservá-la. O importante é que você faça uma escolha consciente.

Apego

Em seu sentido mais básico, o apego começa com objetos no mundo. Você pode testemunhá-lo em crianças bem pequenas, por volta dos dois anos de idade, quando começam a associar e a declarar os objetos em sua posse como "meus". Qualquer pessoa que já tentou separar uma criança de dois anos de um brinquedo pode atestar o poder do apego. Embora seja aqui que se inicie o apego a objetos, a coisa certamente não termina aí, visto que frequentemente os apegos mais prejudiciais que carregamos são os invisíveis, e com isso quero dizer nosso apego às nossas próprias ideias, opiniões e crenças.

Em meu livro anterior, *Os cinco níveis de apego*, explico o conceito de apego em detalhes e ofereço uma forma de medir os vários graus com que você pode ficar vinculado às suas próprias crenças, ideias e opiniões. Para fins de compreensão do apego e de como ele se relaciona com o Domínio de Si Mesmo, usarei um exemplo resumido de uma história popular que aparece naquela obra. Este exemplo ilustra como os apegos, se não tomarmos cuidado, podem rapidamente tornar-se prejudiciais à saúde e causar sofrimento em nossas vidas.

Imagine que você goste de futebol. Você não tem um time ou jogador em particular pelo qual torça, e não importa se a partida está ocorrendo em um estádio magnífico ou num campo de terra batida; ambos são igualmente bons para um fã que simplesmente adora o esporte. Os jogadores poderiam ser ótimos ou medíocres e você não se importaria, contanto que todos os participantes do jogo estejam curtindo a partida. Enquanto assiste, você geralmente não escolhe torcer a favor ou contra um lado, e mesmo que decida torcer por um time específico, você o faz com muito pouco investimento emocional – apenas o suficiente para tornar o jogo mais emocionante. Como resultado, independente de qual time vença a partida, isso não tem nada a ver com você pessoalmente, já que você não transformou o fato de torcer por um time em particular em uma parte de sua identidade. No momento em que o árbitro apita o fim da partida – independentemente de qual time vença ou perca –, você deixa o jogo para trás. Você sai do estádio e segue em frente com sua vida, tendo desfrutado de uma boa partida de futebol.

Nesse contexto, quando você assiste a um jogo, está simplesmente apreciando um momento no tempo, sem qualquer apego ao resultado. Você experimentou a forma mais pura de alegria, proveniente do seu desejo de aproveitar o jogo pelo jogo em si, ou a vida sem a imposição de condições. Você conservou sua liberdade pessoal durante todo o processo, já que o resultado da partida não afetou em nada a sua vida.

Continuando com essa analogia, vamos imaginar que você goste de futebol, mas agora é um torcedor dedicado de um determinado time. Suas cores mexem profundamente com você. Quando o árbitro apita o fim da partida, o resultado do jogo o afeta em um nível emocional. Você fica exultante quando seu time vence; quando ele perde, você fica decepcionado.

Seu apego ao seu time começa a impactar sua vida pessoal fora dos portões do estádio quando você se relaciona com o mundo como um torcedor. Por exemplo, quando seu time perde, você pode ter um dia ruim no trabalho, discutir com alguém sobre o que ou quem é o responsável pela derrota, ou se sentir triste apesar das muitas outras coisas boas que acontecem ao seu redor. Não importa qual seja o efeito, você permite que seu apego a um determinado resultado mude sua personalidade. Seu apego ao futebol afeta um universo que não tem nada a ver com isso.

Se tal apego não for devidamente controlado, ele se tornará mais forte e mais arraigado, até o ponto em que a situação de vitória e derrota de seu time favorito gire agora em torno de *você*. O desempenho de seu time afeta a sua autoestima. Ao ler as estatísticas, você repreende os jogadores por "nos" fazerem passar vergonha. Se o time adversário vence, você fica com raiva porque eles venceram "você". Você não apenas trouxe a partida para casa, como também a incorporou completamente a uma parte de quem você é, moldando sua identidade pela sua crença do que significa ser um "verdadeiro" torcedor.

Embora o time de futebol não tenha nada a ver com você na realidade, sua vaidade está correlacionada ao sucesso ou fracasso desse time porque você escolhe se identificar com ele em particular. Sua vida e seu apego a esse time estão tão difusos que você não consegue mais separar os dois, e acredita que qualquer um que não concorde com você a respeito desse time está errado. Você pode até começar a fazer da lealdade a esse time uma condição pela qual você permite que outros tenham um relacionamento com você.

Se você está tendo dificuldade em compreender a analogia dos esportes, vamos considerar dois exemplos da vida real. No fim de uma temporada de futebol na Europa, um clube de grande nome foi rebaixado a uma divisão inferior após uma derrota decisiva. Após vivenciar essa perda, um torcedor foi para casa e se enforcou. Para ele, a vida não valia mais a pena se seu time não estivesse na Premier League. Em outro caso, um motorista de ônibus era torcedor de um time perdedor e ficou tão furioso com uma derrota em particular que jogou seu ônibus contra um grupo usando as cores "erradas". O apego desse homem ao seu time era tão grande que ele matou por isso. Para essas duas pessoas, a alegria de assistir futebol pelo futebol em si se perdera há muito tempo.

Felizmente, assassinato e suicídio motivados pela derrota de um time favorito são ocorrências muito raras. Mas quando nos voltamos para questões como religião, política, dinheiro, sexo e poder, as consequências negativas são muito mais numerosas. Quando você se apega a um objeto, ideia ou crença, você o torna parte de quem você pensa que é. Então, depois que a névoa o envolve, sua visão fica nublada. Você não será mais capaz de enxergar a humanidade de um indivíduo que não concorda com você, pois você só pode ver a personificação de uma ideia contra a qual você se opõe.

Quando seu espelho está nítido, você consegue enxergar a divindade em todos. Você é capaz de ir a qualquer igreja, sinagoga, templo, mesquita ou roda de tambores e encontrar e sentir o amor e a graça de Deus. Para aqueles que estão perdidos na névoa, Deus só calhou de ser o foco de devoção no qual a religião é centrada; em outras palavras, as crenças e rituais da religião são mais importantes do que sentir comunhão com Deus no momento presente. Tal é o poder do apego nocivo.

Compreendendo a relação entre domesticação e apego

No exemplo do torcedor de futebol, um apego surgiu a partir de algo genuinamente amado: o futebol. O torcedor permitiu que seu amor pelo esporte o atraísse para a névoa, ao tornar o esporte parte de sua identidade e confundir sua ligação com o time com quem ele de fato era.

No exemplo do menino e sua avó, o menino foi domesticado à ideia de que ele deveria terminar toda a comida do prato, embora essa ideia não fosse verdadeira para ele. E, já adulto, ele aderiu à ideia de que deveria terminar a comida do prato, mesmo que seu corpo estivesse indicando algo contrário. Como resultado, ele agora também está apegado a essa ideia. A diferença a se compreender aqui é a seguinte: o apego nem sempre se origina da domesticação, mas a domesticação, se fora de controle, sempre leva ao apego. Eis o processo que conduz da domesticação ao apego:

1) **Domesticação.** Você é domesticado a uma ideia por meio da interação com outros no Sonho do Planeta. (A avó domestica seu neto para a ideia de que é pecado não terminar toda a comida do prato.)

2) **Autodomesticação.** Uma vez que essa ideia esteja alojada dentro de você e seja aceita, ela se torna uma crença. Você não precisa mais de um domesticador externo para reforçar essa ideia; você vai fazer isso sozinho. Trata-se da autodomesticação em ação. (O neto cresce e habitualmente come toda a comida do prato mesmo quando não está mais com fome.)

3) **Apego.** Você agora está apegado a essa crença e, dependendo de quão forte seja o seu apego,

a sua aceitação de si mesmo e dos outros depende da observância à crença. (O neto se sente culpado se não termina toda a comida do prato; ele repreende seus amigos por não terminarem toda a comida do prato deles e domestica seus filhos para a mesma ideia.)

Como você pode ver, os apegos muitas vezes podem surgir da domesticação. O mais irônico é que, quando isso acontece, você se apega a uma ideia com a qual nem concordava inicialmente, mas apenas a adotou por causa da domesticação. O resultado final é que, sem consciência, você vai aderir a ideias que nem mesmo são verdadeiras para você (e também forçá-las aos outros)!

A domesticação e o apego trabalham juntos para mantê-lo afastado do seu Eu Autêntico, perdido na névoa e na fumaça, preso no drama da festa. Este ciclo (domesticação, autodomesticação, apego) pode perdurar por gerações até que você se transforme em um Mestre de Si Mesmo e liberte-se dos grilhões. Os exercícios a seguir ajudarão você a começar a identificar suas próprias domesticações e apegos. Depois de reconhecê-los, você pode decidir se está pronto ou não para abandoná-los de vez.

Percebendo suas domesticações

Reserve um momento para fazer uma retrospectiva de sua vida. Quais são as ideias que lhe foram incutidas quando criança que mais tarde você descartou como não sendo mais verdadeiras para você? Podem ser noções sobre educação e carreira, dinheiro e bens materiais, política, religião ou qualquer outra área. Lembre-se de que a questão aqui não é julgar ou ficar ressentido com aqueles que inicialmente o domesticaram para essas ideias, mas sim ver em que momento ocorreu a domesticação e como você se libertou. Ao perceber onde você já detectou e se livrou da domesticação em sua vida, você prova a si mesmo que tem toda a força de que precisa dentro de você para se libertar repetidas vezes.

Identificando seus apegos

Uma vez que o apego começa com as posses materiais, a primeira parte deste exercício visa mostrar os itens em sua vida que você incorporou ao seu senso de identidade.

Pense em algo que você possui e que absolutamente adora, algo que não gostaria de perder. Talvez seja o seu carro, sua casa, seu dinheiro, um dispositivo eletrônico, alguma joia, uma lembrança especial ou mesmo um objeto religioso ou sagrado. O objetivo é escolher um objeto pelo qual você tenha forte carinho, algo que esteja ligado ao seu senso de identidade. Pouquíssimas pessoas que fazem uma análise de forma honesta e profunda descobrirão que não há nada no mundo que não se encaixe nessa descrição.

Em uma folha de papel em branco, anote o item e responda às seguintes perguntas:

· Por que você tem tanto carinho por esse item?

· Que sensação de segurança ele lhe traz?

· Como ele está vinculado à sua personalidade ou senso de identidade?

· Como ele estimula o seu ego?

· Você sente satisfação em mostrá-lo a outras pessoas? Ou trata-se de um item que você não mostra a ninguém e secretamente sente-se especial por possuí-lo?

· Possuí-lo faz com que você se sinta mais atraente, mais rico, mais seguro, mais inteligente ou mais espiritualizado do que as outras pessoas?

Seja sincero, reagindo honestamente de acordo com suas emoções atuais. Não existem respostas certas e erradas. O objetivo aqui é explorar suas relações mais profundas com coisas materiais.

Agora, amasse o pedaço de papel e o descarte. Feche os olhos e imagine que esse item não existe mais em sua vida. Como você se sente? Como seria a vida sem ele? Quem você seria sem esse item?

Agora que você explorou a ideia de perder tal item, pergunte-se o seguinte:

• Este apego está afetando seus relacionamentos com as pessoas em sua vida?

• Seu apego está fazendo com que você tome o caminho mais fácil na vida e não busque por outras coisas que você realmente deseja?

• Você consegue se lembrar de alguma ocasião em que alterou suas ações por causa deste item?

• Como esse apego afeta sua liberdade pessoal?

• Por fim, você deseja conservar esse nível de apego? Ou você quer reduzi-lo, ou mesmo libertar-se dele? A escolha é sempre sua.

Ao revisar suas respostas, observe o grau de receio que você sentiu diante da perspectiva de perder o seu item. Quanto mais acentuado o receio, maior é a chance de seu apego levar ao sofrimento caso esse item seja perdido. No Sonho do Planeta, uma coisa é certa: este item acabará fatalmente se desfazendo, deteriorando-se e desaparecendo. Nada no Sonho dura para sempre.

Repita este exercício e escolha uma pessoa, crença, papel, imagem corporal ou ideia para examinar. Pode ser sua condição em casa (pai, mãe, filho) ou alguma outra função que você desempenhe que realce seu senso de identidade. Você está apegado a um determinado papel? Como você se sentiria se esse papel mudasse repentinamente? Você está apegado à sua aparência? E se sua aparência mudasse da noite para o dia? Assim como ocorre com os objetos físicos, crenças, papéis sociais, e até mesmo as pessoas em nossas vidas estão destinadas a mudar ou desaparecer. Quem você seria sem eles?

Se você é como a maioria das pessoas, descobrirá que está em diferentes níveis de apego com muitos itens, crenças e papéis, e esses níveis podem oscilar. O simples fato de tomar consciência de tais apegos é um grande passo para retirar o poder deles sobre você. O momento em que você se torna consciente de um apego é o momento em que ele começa a perder o controle sobre você. Identificar os apegos e imaginar sua desintegração lhe dá a oportunidade de ver o Eu Autêntico livre de qualquer apego, pois, no fim das contas, a verdade sobre quem você é é muito maior do que qualquer item, papel ou crença.

Sem consciência, nossa domesticação e apegos nublam nossa percepção. Reconhecer ambos nos permite limpar a névoa e enxergar a verdade do momento presente. No próximo capítulo, exploraremos as forças que conferem à domesticação e aos apegos seu poder, bem como as forças que um Mestre de Si Mesmo usa para obliterá-las.

3

Amor incondicional por si mesmo

No Sonho do Planeta existem duas forças poderosas que moldam todos os nossos compromissos, apegos e domesticação. Na tradição tolteca, denominamos tais forças de os dois tipos de amor: amor incondicional e amor condicional.

Quando o amor incondicional flui de nossos corações, transitamos pela vida e interagimos com outros seres vivos com compaixão. Amor incondicional é reconhecer a divindade em cada ser humano que encontramos, independentemente de seu papel na vida ou concordância com nossa forma de pensar em particular. Um Mestre de Si Mesmo vê todos os seres com os olhos do amor incondicional, sem nenhuma imagem projetada ou distorção.

Já o amor condicional, por outro lado, é uma peça-chave da domesticação e do apego. Ele só permite que você veja aquilo que quer ver e que domestique qualquer pessoa que não se encaixe em sua imagem projetada. É a principal ferramenta usada para subjugar aqueles à sua volta e a nós mesmos. Toda forma de domesticação pode ser resumida em "Se você fizer tal coisa, eu lhe darei meu amor" e "Se você não fizer tal coisa, eu lhe negarei o meu amor". Toda forma de apego começa com "Se isso acontecer, aí eu serei feliz e sentirei amor" e "Se isso não acontecer, aí eu irei sofrer". A palavra-chave em todas essas afirmações é *se*, para a qual, como você verá, não há espaço no amor incondicional.

À medida que construímos o Sonho do Planeta, temos a opção de amarmos uns aos outros de forma incondicional ou condicional. Quando nos amamos incondicionalmente, nosso espelho está nítido; vemos os outros e a nós mesmos como realmente somos: belas expressões do Divino. Mas quando a névoa do apego e da domesticação embota nossa percepção e impomos condições para o nosso amor, não somos mais capazes de enxergar a divindade nos outros e em nós mesmos. Estamos agora competindo por uma mercadoria que confundimos como amor.

Em sua essência, a domesticação é um sistema de controle, e o amor condicional é sua principal ferramenta. Consequentemente, quando você começa a tentar controlar os outros é o exato momento em que você estabelece condições para o seu amor e aceitação a eles. Como você só pode oferecer aquilo que tem, as condições que tenta impor aos outros são as mesmas que você impõe a si mesmo.

Quando você se autodomestica, está tentando controlar suas próprias ações com base na vergonha, na culpa ou na recompensa percebida, em vez de no amor incondicional por si mesmo. Como vimos no exemplo do adulto que continua a comer mesmo depois de estar saciado, esta não é uma forma de viver saudável e nem tampouco feliz.

O amor incondicional é o antídoto para a domesticação e o apego, e explorar seu poder é um passo fundamental para se tornar um Mestre de Si Mesmo. Neste capítulo, examinaremos a prática de ter amor incondicional por nós mesmos em primeiro lugar, pois você não pode dar aos outros o que você não tem por si próprio.

O parasita e o aliado

Na tradição tolteca, referimo-nos à voz em sua mente como narrador, aquele que fala com você ao longo do dia. Quando você está se autodomesticando, dizemos que o narrador está agindo como um parasita, drenando sua energia por meio do diálogo interno negativo. A voz do parasita usa suas crenças, formadas por meio da domesticação e do apego, para manter o poder sobre você ao impor condições em relação ao seu amor por si próprio e autoaceitação. O parasita o mantém preso na névoa, tornando-o incapaz de enxergar a verdade sobre quem você realmente é e o potencial que guarda em seu coração.

Quando a voz compartilha comentários que o inspiram a viver, criar e amar incondicionalmente, isto é o diálogo interno construtivo; e, na tradição tolteca, dizemos que o narrador agora atua como um aliado, ajudando-o a transitar pelo Sonho do Planeta de forma pacífica e produtiva. Quando o narrador é seu aliado, ele aponta a verdade em todas as situações, lembrando-o de que você está no controle de sua própria vida e que tem a capacidade de fazer uma diferença positiva no mundo. Embora o aliado ainda seja um reflexo da verdade, é o que você vê no espelho quando a névoa se dissipa.

Se você é como a maioria das pessoas, o narrador em sua mente está constantemente alternando entre parasita e aliado, às vezes até mudando de um para o outro em várias ocasiões no decorrer de um único dia. Quando o narrador se torna o parasita, a dúvida se instala e você questiona as escolhas que faz. A inspiração e a criatividade não estão mais presentes, foram substituídas pela dúvida e pelo amor condicional a si próprio. Quando o aliado assume, você se sente confiante em sua capacidade, e a conversa que preenche sua mente é alegre.

É importante compreender que nem o parasita nem o aliado falam como o Eu Autêntico. O Eu Autêntico é o Divino, a energia ou espírito que dá vida ao seu corpo e mente. Quando você se identifica com a voz em sua cabeça, você confunde o narrador com quem você realmente é e se torna seu escravo no processo. Quando o narrador fala como seu aliado, você se sente feliz, e quando a voz do parasita assume, você fica triste ou deprimido. Mas, como Mestre de Si Mesmo, você sabe que nenhuma das vozes, no fim das contas, é você, pois nenhuma delas representa a totalidade do seu Eu Autêntico.

Nenhuma palavra pode descrever adequadamente essa força que você é e, consequentemente, qualquer voz em sua cabeça não é realmente você, apesar de sua insistência no contrário. Vou dizer mais uma vez: você não é seus pensamentos. Lembrar disso é importante, porque quando aquela voz torna-se feia e de um aliado se transforma em um parasita, você pode reconhecê-la como algo aprendido com alguma experiência guardada de domesticação e ter a confiança para se desligar de suas palavras. Este é o Domínio de Si Mesmo em ação.

Viver com o aliado é obviamente muito mais agradável do que viver com o parasita, e o antídoto para detectar e se desfazer do parasita é ter amor incondicional por si mesmo o tempo todo. É claro que é muito mais fácil falar do que fazer. As raízes da domesticação e do apego são profundas, e o parasita as utiliza para manter o controle de sua mente. Alguns de vocês deram ouvidos ao parasita durante tanto tempo que não o reconhecem mais como uma voz de narração da qual podem discordar. Você aceitou suas conclusões como fatos e, portanto, limitou seu potencial. Para desfazer isso, você começa aprendendo como identificar quaisquer palavras negativas que entrem em seu campo de consciência. Como meu pai ensinou no primeiro dos Quatro Compromissos, há grande poder na palavra, e um Mestre de Si Mesmo não usa o poder da palavra contra si próprio.

Localizando o parasita

Embora o parasita opere internamente, ele se fortalece prestando atenção e se agarrando ao diálogo externo negativo no Sonho do Planeta. Diálogo externo negativo é qualquer coisa que você ouve em conversas que tenta impor o amor condicional. Quando alguém está usando o poder de suas palavras para tentar subjugá-lo ou povoar sua mente de dúvidas, isso pode, por sua vez, alimentar seu parasita. Mesmo uma observação de improviso, no tom certo (ou, neste caso, errado), pode ter um efeito poderoso. "Bela camisa", alguém poderia dizer de forma sarcástica. Instantes antes disso, você pode ter estado perfeitamente feliz com sua camisa; mas, de repente, começa a internalizar a projeção da outra pessoa e a dúvida se insinua. Sua voz interna torna-se negativa e você perde a confiança em sua escolha. Você olha para baixo e pensa: "Fulano tem razão – eu também não gosto desta camisa". Agora você está julgando a si mesmo com base na opinião de outra pessoa. A maneira mais fácil de alguém controlar sua vontade é dando-lhe permissão para isso, porque você duvida de sua própria capacidade de fazer uma escolha. É por isso que a domesticação é tão eficaz.

Para ser claro, isso não significa que você não acolha as perspectivas de outras pessoas e ouça críticas construtivas. A diferença reside na intenção. Quando está ciente do poder da palavra, você tem o cuidado de separar o fato da opinião e, como um Mestre de Si Mesmo, você decide se a opinião de outra pessoa é também verdadeira para você. Quando ocorre a domesticação, você ouve as opiniões dos outros e as classifica equivocadamente como fatos, aceitando-as como verdade sem examiná-las por completo.

O parasita também é fortalecido por meio do diálogo interno negativo. Isso ocorre em seu Sonho Pessoal quando você fala contra si mesmo em sua própria mente e é comumente chamado de "recriminar-se". Na tradição tolteca, isso é entendido como o ato de usar as palavras do parasita como condições para o amor por si próprio e autoaceitação. Essa negatividade interna vem de dentro. Por exemplo, você pode se olhar no espelho e achar que seu cabelo não está num bom dia, ou que suas calças estão muito justas, ou pode encontrar alguma outra característica física para questionar. Sua voz interior pode dizer que sua aparência não está das melhores, e você não vai causar uma boa impressão em quem quer que encontre.

Sem a consciência de como você está falando consigo mesmo, você pode cair numa espiral e perder o controle, e aquele mero cabelo que não está num bom dia pode se transformar em um discurso de autojulgamentos negativos, com você se chamando de feio, gordo, indigno etc. Nesse momento, o parasita assumiu o controle de sua atenção e puxou-o para as profundezas da névoa, usando o poder de sua palavra contra você mesmo. Se não for detectado, o diálogo negativo, tanto externo quanto interno, pode inibir o poder de sua intenção e levá-lo a envolver-se ainda mais na névoa. Se você aceitar o diálogo negativo como um fato, sem fazer distinção entre o que é verdade e o que é opinião, isso pode se tornar parte de sua história pessoal, deixando o parasita no comando na maior parte do tempo e, assim, limitando quem você pensa que é e do que acredita ser capaz.

Um Mestre de Si Mesmo é perito em detectar e dispensar a voz do parasita, e pode, na verdade, mudar essa voz para a de um aliado. Fazer isso começa com um compromisso com o amor incondicional por si próprio. Isso significa que você se dispõe a amar *todos os aspectos de si mesmo* sem efetuar julgamentos ou impor condições – especialmente as partes de si mesmo que você muitas vezes deseja que sejam diferentes. O amor incondicional por si próprio está dentro de cada um de nós, independentemente de nossas circunstâncias e domesticação passadas.

Analisaremos logo adiante algumas formas específicas de dedicar amor incondicional a si mesmo; mas, antes de fazermos isso, vamos esclarecer o que não funciona. Em primeiro lugar, o parasita não consegue derrotar a si mesmo. Em outras palavras, o diálogo interno negativo não pode ser vencido por um diálogo interno ainda mais negativo. Por exemplo, em meus workshops e palestras, pessoas no passado me abordaram com uma expressão consternada e disseram algo como: "Estou tão decepcionado comigo mesmo. Não consigo acreditar que estou no caminho tolteca há anos e continuo levando as coisas para o lado pessoal".

Está implícita no comentário a noção de que o interlocutor está fracassando em sua prática, e você pode ouvir a voz traiçoeira do parasita ao fundo. Se essa declaração fosse filtrada pelos olhos do amor incondicional a si próprio, essa pessoa se aproximaria de mim com um sorriso e diria: "Sabe, estou no caminho tolteca há anos e noto que às vezes ainda levo as coisas para o lado pessoal. Estou me esforçando ao máximo, mas você tem alguma ideia sobre como superar esse obstáculo?" A mudança neste caso é visível, pois é o aliado quem está se manifestando em vez do parasita.

A manifestação do aliado tem sua origem no amor incondicional, enquanto a do parasita advém do amor condicional. Como o diálogo interno negativo se baseia no amor condicional, qualquer tentativa de modificar o parasita com um diálogo interno ainda mais negativo é uma forma sutil de o parasita na verdade se fortalecer. A chave para transformar o parasita em um aliado é dedicar amor incondicional a você por inteiro – incluindo o próprio parasita. Quando você alimenta o parasita com amor incondicional, você o transforma em seu aliado, usando o poder de sua palavra para mudar sua mente e sua vida.

O Sonho do Planeta é um universo de polaridades, onde algo é conhecido apenas em relação ao seu oposto. Luz é definida em relação à escuridão, em cima em relação a embaixo, noite a dia, e assim por diante. Sem um, não conheceríamos o outro. Em questões de opinião, como quente e frio, alto e baixo, bom e ruim, as avaliações são baseadas em nossa percepção, pois o que é considerado bom por uma pessoa pode ser interpretado como ruim por outra. Estou ciente de que quando digo algo estou certo e errado ao mesmo tempo, porque a percepção do indivíduo que me ouve determinará a validade do que eu digo de acordo com seu ponto de vista, e ele é livre para fazê-lo. Eu aplaudo isso. Assim, sou responsável apenas pela clareza e integridade do que digo – não pelo que os outros ouvem e sentem –, porque não controlo a percepção dos outros. Este é o incrível poder inerente à nossa mente, e o veículo que usamos para expressar esse poder é a nossa palavra.

Um Mestre de Si Mesmo reconhece o poder da palavra e sabe que cada julgamento que o parasita profere pode ser transformado e usado pelo aliado. Efetuar a conversão para fazer isso é o amor incondicional a si próprio em ação. Embora muitas pessoas optem por ouvir e se concentrar na voz do parasita, é fundamental que você treine sua mente para enxergar através dos olhos do aliado. Não há lugar melhor para fazer isso do que em sua própria história pessoal.

Minha amiga e parceira de ensino, HeatherAsh Amara, traz um belo exemplo em seu livro *O caminho da deusa guerreira* sobre como ela conscientemente mudou seu narrador do parasita para o aliado. Aqui está a perspectiva do parasita com a qual ela começou:

> Fiquei traumatizada quando criança com a frequência com que minha família se mudava. Aos 16 anos, eu já havia frequentado oito escolas diferentes e morado em quatro países – Cingapura, Hong Kong, Estados Unidos e Tailândia. Nós nos mudávamos a cada dois anos, mais ou menos. Eu começava em cada escola sentindo-me extremamente tímida, sem vínculos e solitária. No

segundo ano, eu já tinha feito amigos e encontrado meu ritmo, e então nos mudávamos mais uma vez e o ciclo recomeçava. Por conta das muitas vezes que me afastei de amigos, tenho dificuldade em me conectar com as pessoas intimamente e tenho medo de ser abandonada.

Toda vez que contava a minha história, eu ficava deprimida. Você não ficaria?

Depois que HeatherAsh iniciou seu aprendizado com o meu pai, ela começou a enxergar e contar sua história através dos olhos do aliado. Note a mudança de perspectiva, com base nos mesmos fatos:

Fui abençoada quando criança com uma família aventureira. Nós nos mudávamos a cada dois anos e viajávamos ao redor do mundo todo verão. Passei a maior parte da minha infância frequentando ótimas escolas internacionais no sudeste da Ásia e, quando eu tinha 16 anos, minha família já havia visitado ou vivido em vinte diferentes países, incluindo Tailândia, Cingapura, Índia, Egito, Itália e Espanha. Por causa das muitas vezes que nos mudamos e viajamos, aprendi a ser incrivelmente flexível e a amar profundamente a diversidade e a criatividade das pessoas. Minhas experiências de infância me ajudaram a me relacionar com muitas perspectivas diferentes, a fazer amigos facilmente e a celebrar as mudanças.

Toda vez que contava essa nova história, era inundada por uma sensação de aventura e muita gratidão.

Como você pode notar, os fatos permanecem os mesmos, mas a história é radicalmente diferente. Você vê o poder da percepção?

Os exercícios a seguir o ajudarão a praticar a transformação de seu parasita em seu aliado.

Liberte-se de julgamentos

Olhe-se no espelho e observe todos os autojulgamentos que surgem nos momentos seguintes. Uma voz dentro de você diz que seu nariz é grande demais? Pequeno demais? Você não gosta do tamanho do seu corpo? Ou de sua compleição? Reserve um momento para ouvir esses julgamentos. Suas emoções permitirão que você saiba quais deles o afetam mais, pois quanto mais forte o sentimento negativo, mais apegado você está a esse julgamento.

Escreva em um papel o julgamento que incita a resposta emocional mais forte. É muito importante que você anote isso (você entenderá o porquê em um instante). Em seguida, reserve um momento para lembrar as muitas ocasiões em que usou esse julgamento contra si mesmo. Talvez esse pensamento venha se repetindo em sua mente durante anos a fio.

Agora você pode investigar a fonte desse julgamento e identificar como ele afetou suas ações no Sonho do Planeta. Abaixo do julgamento, escreva suas respostas para as seguintes perguntas:

• Este é um julgamento que você aprendeu com outra pessoa? Você consegue se lembrar de quando aprendeu e de quem?

• Você repetiu esse julgamento sobre si mesmo para outra pessoa?

• Como esse julgamento moldou suas ações? Você negou oportunidades a si mesmo ou deixou de correr riscos por causa dele?

Leia suas respostas e faça a si mesmo(a) esta pergunta muito importante:

• Você quer continuar deixando esse julgamento controlar sua vida?

Se depois de ler todas as suas respostas você disser sim a esta última pergunta, então este é um apego que se tornou parte de sua identidade. Ele molda quem você é, e você não está pronto para abandoná-lo. Tudo bem, se for realmente o que você deseja. Talvez você retorne a ele mais tarde, para descobrir que não precisa mais dessa crença.

Se você respondeu não a esta última pergunta, então você considera o julgamento anotado como algo que não faz parte de você; é um pedaço de papel com palavras escritas, nada mais. Perceba que esse julgamento só está à sua frente agora porque você concordou implicitamente com ele o tempo todo. Agora, chegou a hora de deixá-lo para trás, e o primeiro passo é perdoar a si mesmo por usar isso contra você todas aquelas vezes.

Quando estiver pronto para se libertar desse julgamento, pronuncie a seguinte declaração em voz alta:

"Eu, _____, usei meu diálogo interno negativo para subjugar a mim mesmo com amor condicional. Eu me perdoo por fazer isso, e agora vou deixar essa falsa crença para trás."

Amasse o papel e jogue-o no lixo. Este é um ato sagrado de abandonar essa falsa crença porque você não acredita mais nela. Lembre-se de que as crenças não existem no mundo "lá fora"; elas existem apenas em sua mente e apenas enquanto você continuar a acreditar.

Toda vez que você se vir autojulgando sobre esse assunto, repita novamente essa declaração de perdão. Fazê-lo é o ato de trazer amor incondicional para si mesmo. Você já pagou o preço por esse autojulgamento; você não precisa mais fazer isso. Como diz meu pai, a verdadeira justiça é pagar por algo uma vez; a injustiça consiste em pagar repetidas vezes. Por meio do perdão a si mesmo, você pode se reerguer e começar do zero. O perdão a si mesmo é sempre a chave, e o amor incondicional por si próprio lhe oferece essa oportunidade. Repita este exercício quando estiver pronto para cada um dos julgamentos que listou inicialmente.

Mudando os atributos

Que histórias você carrega sobre eventos passados? Você reconta essas histórias por meio dos olhos de seu parasita ou de seu aliado? Pense na história da sua vida por um momento. Quais são os elementos principais? Como você conta essa história para si mesmo e para os outros? Observe os pontos em sua história que você costuma contar através dos olhos do parasita e anote essa parte de sua história.

Em seguida, reescreva a mesma parte de sua história, mas, desta vez, por meio dos olhos de seu aliado. (Cf. p. 69 o trecho de minha amiga HeatherAsh Amara como um exemplo.) Se você for como a maioria das pessoas, descobrirá que geralmente é mais fácil escrever através dos olhos do parasita do que os do aliado, e isso demonstra o poder que a domesticação, o apego e o amor condicional têm sobre você. Escrever da perspectiva do aliado pode ser mais difícil, mas reformular os eventos de sua vida dessa forma permite que você enxergue as dádivas de cada experiência passada.

No fim, nossos narradores são simplesmente contadores de histórias. Eles contam histórias sobre os eventos em nossas vidas e os interpretam de uma forma positiva ou negativa, dependendo de quem está no comando. Um Mestre de Si Mesmo vê os eventos da vida através dos olhos do aliado em vez do parasita, pois fazer isso é uma forma de expressar amor incondicional por si próprio; este é o poder que você tem para direcionar e redirecionar sua atenção de e para diferentes pontos focais. Depois que tiver amor incondicional por si mesmo, você pode então oferecê-lo aos outros. Este é o assunto do próximo capítulo.

4

Amor incondicional pelos outros

Como Mestre de Mim Mesmo, quando olho nos olhos de outro indivíduo, vejo outro Eu Autêntico, uma bela expressão do Divino. Não importa onde essa pessoa se situe no processo de despertar, eu respeito que sua intenção seja tão poderosa quanto a minha, e fazê-lo é um ato de amor incondicional. Se tentasse controlar essa pessoa, eu me perderia na névoa e imporia condições para meu amor e aceitação por ela.

Se você vê o mundo através dos olhos do amor condicional, você está, por definição, tentando controlar os outros, impondo sua vontade para que eles se ajustem à definição de quem e o que você acha que eles deveriam ser. Se não concordarem com suas demandas, eles receberão a punição de seu julgamento. Este é o amor condicional resumido em poucas palavras. Mas, lembre-se: toda vez que você julga alguém, você está punindo essa pessoa por não seguir acordos que ela nunca fez.

Ao olhar para sua vida em retrospecto, você pode ver que muitas das batalhas de relacionamento que você pensava serem por sua própria liberdade pessoal eram na verdade batalhas sobre quem iria domesticar quem. E toda vez que você experimentava um momento de raiva, revolta, indignação ou qualquer outra emoção negativa como resultado do comportamento de outra pessoa, você criava um sonho de vilões e vítimas, e mais uma vez era capturado pelo drama da festa.

Perceber a si mesmo como uma vítima e o outro como um vilão não permite que você enxergue a pessoa que está de fato diante de você: você não vê sua história, seu passado, suas mágoas e como tudo isso impactou sua vida e contribuiu para formar a pessoa com quem você está falando. Tudo o que você consegue enxergar através da névoa da domesticação é que a pessoa que escolheu como o vilão da sua história não está vivendo de acordo com os valores que você acha que ela deveria viver.

Mas quando você vê o outro indivíduo com os olhos do amor incondicional, então você é capaz de enxergar claramente quem de fato está na sua frente, um ser vivo que está tentando sobreviver e prosperar em um mundo assolado por domesticação e amor condicional. O amor incondicional permite que você discorde das escolhas ou crenças do outro ao mesmo tempo em que respeita o direito dele de tê-los.

Praticar o amor incondicional é a arte do Mestre de Si Mesmo. Uma vez que tenha reconhecido os autojulgamentos que surgiram de sua própria domesticação, libertado-se deles e os perdoado, você pode reconhecer e perdoar os outros quando eles agirem a partir da domesticação que sofreram. A pessoa à sua frente foi domesticada e agora quer passar isso para você porque é tudo o que ela conhece. No entanto, ela só pode subjugá-lo com a sua permissão.

Para muitas pessoas, a família pode representar um desafio único de enxergar com os olhos do amor incondicional, porque é aí que as raízes da domesticação são mais profundas. Muitas vezes, são as mágoas que você guarda de sua família as que mais doem, mas a razão para machucarem tanto é porque você a ama. Esse amor intenso é também o que o ajudará a perdoar e a curar.

Tirando sua família, seus domesticadores mais influentes enquanto você crescia foram provavelmente seus amigos e colegas de classe. Eram as pessoas que você queria impressionar, ou ser como elas; portanto, muitas vezes você tentou ajustar seu comportamento de acordo com o que elas consideravam aceitável. E, é claro, você provavelmente pediu o mesmo delas. Isso não significa que não houvesse presente amor genuíno por esses amigos, mas pelo fato de todos vocês virem de lares enraizados na domesticação, era tudo o que conheciam, e transferiram essas práticas para seus relacionamentos.

Chega um momento na vida em que despertamos do Sonho e começamos a escolher amigos que nos aceitam, nos estimulam a crescer e nos apoiam — e estamos dispostos a fazer o mesmo por eles. Mas se continuarmos a não reconhecer onde e como a domesticação nos afetou, e não trabalharmos para identificá-la e dispensá-la quando ela surgir, os mesmos padrões se desenvolverão com nossas novas amizades: no fim das contas, fixaremos condições para que elas se encaixem em nosso novo modelo, por mais "iluminado"que pensemos que ele seja. Por exemplo: às vezes, ouço em círculos toltecas comentários do tipo "fulano não é um bom tolteca" ou "ela não é impecável com suas palavras". É nesses casos que você pode testemunhar como as ferramentas da iluminação foram transformadas em fontes de julgamento, controle e domesticação.

Em todos os nossos relacionamentos, mas especialmente naqueles com nossos amigos e familiares, nos quais as raízes da domesticação são mais profundas, nosso trabalho é estarmos cientes do risco que corremos de sermos tragados de volta para o drama da festa, de sermos cegados pela névoa, e a chave para evitar isso é nos lembrarmos continuamente de agir com amor incondicional. Consegui-lo é mais fácil falar do que fazer, ainda mais quando as raízes da domesticação são profundas, mas há um caminho.

Gerando paz no Sonho do Planeta

Quando você se vê discordando de alguém e começa a sentir que está ficando aborrecido, você tem uma decisão quanto ao que fazer ou dizer a seguir. Antes de falar ou realizar uma outra ação qualquer, pergunte a si mesmo: o que estou prestes a dizer ou fazer origina-se do amor condicional ou do amor incondicional? Em outras palavras, seu amor e aceitação da pessoa à sua frente estão de alguma forma condicionados a ela concordar com você ou fazer o que você deseja? Se for este o caso, é sinal de que sua domesticação e apegos o estão controlando, e agora você está tentando domesticar outra pessoa de acordo com o seu ponto de vista. Se a sua resposta partiu do amor incondicional, por definição sua reação mostra respeito pela outra pessoa, mesmo se você discordar de seus pontos de vista ou ações. Respeito mútuo é a chave que permite que a verdadeira paz triunfe no Sonho do Planeta. Esse respeito também possibilita que todos experimentem os benefícios e as consequências de suas próprias escolhas e ações.

Quando o amor condicional predomina no Sonho do Planeta, qualquer aparência de paz e harmonia ocorre pela força, quando um indivíduo ou grupo de indivíduos subjugam a vontade de outros. Governos são conhecidos por apresentar esse tipo de comportamento, e a história está repleta de exemplos de um grupo controlando outro por meio da crença de que "quem tem força tem razão". Mas isso também ocorre nas relações pessoais, quando uma pessoa usa uma posição de poder para controlar o comportamento de outra. Isso, é claro, não consiste em paz e harmonia reais e nunca dura. As pessoas sempre se rebelarão contra a submissão e lutarão para reivindicar seu livre-arbítrio. Como nossa própria natureza é a liberdade, sempre batalharemos por ela – mesmo quando nossa visão está encoberta pela névoa.

O problema é que se um grupo de indivíduos luta pela liberdade sem primeiro dissipar sua própria névoa, isto é, sua domesticação e apegos, esses mesmos indivíduos que conquistaram a liberdade das garras de um opressor acabarão substituindo o conjunto de condições anterior pelo seu próprio, e, por sua vez, tentarão subjugar aqueles ao seu redor, a fim de estabelecer sua visão de paz e harmonia. Este ciclo de imposição e submissão vem ocorrendo no Sonho do Planeta há milhares de anos. É assim que as guerras começam, terminam e recomeçam, e isso é verdadeiro não importa que seja uma briga de rua ou um conflito internacional, já que ambos decorrem do desejo de uma parte de subjugar a outra, com base na crença do subjugador de que o seu jeito é o jeito "certo". Este é o ciclo que o amor condicional sempre produz.

A paz e a harmonia do ponto de vista do amor incondicional são o engajamento de iguais, usando o conhecimento e a consciência para cocriar um sonho cuja diversidade reflete o livre-arbítrio de cada indivíduo que vive neste momento. Muito semelhante à festa em que você é a única pessoa sóbria, você não pode esperar que todos queiram estar sóbrios, ou queiram acordar. Nem você pode obrigar alguém a fazer isso. Tentar despertar alguém contra sua vontade é tentar submetê-lo às suas ideias.

Então, como interagimos a partir do amor incondicional? Como tentamos sinceramente ajudar os outros a despertar sem subjugá-los? Reservar um momento para refletir e discernir quais são suas verdadeiras motivações nem sempre é fácil, especialmente quando você está no calor do momento e o drama da festa está tentando prendê-lo de volta à crença de que o Sonho é real. Além disso, partir de uma condição de amor incondicional, em vez de amor condicional, ainda pode envolver fazer ou dizer algo que a outra pessoa não gosta; mas compartilhar a sua perspectiva partindo do amor e do respeito é o Domínio de Si Mesmo em ação.

É nessas horas que me lembro de algo que meu pai me ensinou: "Sou responsável pelo que digo, mas não sou responsável pelo que você ouve". Sou responsável pela minha pessoa e para por aí; como alguém reage ao que digo ou faço está fora do meu controle. Claro, esta verdade não pretende ser uma licença para dizer ou fazer algo que seja cruel ou intencionalmente prejudicial (ter consideração pelos outros também é uma escolha que temos), mas entendemos que, quando quebramos as correntes de nossa domesticação, essa novidade pode ser difícil para nossos domesticadores e para aqueles que estão tentando nos domesticar, especialmente no início.

O que realmente importa é a nossa intenção. Quando partimos do amor incondicional, podemos ter a confiança de que qualquer ação que tomemos é a correta e o resultado de seja lá qual for a situação está além do nosso controle. Fazemos o melhor que podemos, e liberamos nosso apego ao resultado. Isso pode ser difícil de fazer no início e até um pouco assustador. Mas comprometer-se a agir de um ponto de amor incondicional alivia essa ansiedade, pois sabemos que nossas ações, e nossas ações depois disso, vêm de um lugar que é verdadeiro para o nosso ser.

Superando ressentimentos e perdoando os outros

Quando você olha para trás e analisa as crenças, ideias e condições com as quais você tentou viver de acordo, muitas vezes percebe que a origem delas reside na domesticação à qual você foi submetido no passado. Para alguns de vocês, esta pode ser uma constatação muito preocupante, dependendo do nível de subjugação que experimentaram ao crescer. Se aqueles com poder impuseram sua vontade sobre você por meio da força ou manipulação, e especialmente se a subjugação foi dura ou mesmo extrema, pode ser muito difícil – e quase impossível em alguns casos – vê-los com os olhos do amor incondicional. Mesmo entre aqueles de vocês que não tiveram uma experiência particularmente traumática com a domesticação, existem muito poucos que não sentem alguma raiva ou amargura sobre os incidentes que ocorreram durante seus anos de formação.

Ressentimentos decorrentes de domesticação passada são alguns dos maiores obstáculos para enxergar os outros com os olhos do amor incondicional. A palavra *ressentimento* vem de *ressentir*, que é composta do prefixo "RE" (para trás) mais "SENTIR", do latim "SENTIRE"; então, ressentir significa literalmente "tornar a sentir". Um dos principais benefícios de realizar este trabalho é que você já não permite que nenhum condicionamento ou experiência do passado o controle no presente. Por definição, se você se apega ao ressentimento, está escravizado ao passado. Algo que ocorreu, já acabou, está ativamente causando sofrimento agora, uma vez que você o sente repetidas vezes. É nisto que consiste o ressentimento: sofrimento autoinfligido com o veneno emocional que desejamos para o outro.

Raiva, ressentimento e rancor são ferramentas que o parasita usa para se fortalecer e assumir o controle da sua mente, e novamente neste caso seus métodos são muito sorrateiros. Porque, embora o parasita possa mostrar com precisão como você foi maltratado nas mãos de outra pessoa, a solução que ele oferece é atiçar as emoções negativas de raiva, tristeza, amargura etc., e estimulá-lo, na melhor das hipóteses, a negar o seu amor àqueles que o magoaram e, na pior, revidar com vingança. O parasita sempre busca as ferramentas do amor condicional, e no fim nenhum bem resultará de empregá-las. Em vez disso, você está novamente perdido na névoa, e seu Sonho está subordinado a uma história de vítimas e vilões.

O amor incondicional e o perdão a seus domesticadores são a saída. Este pode ser um dos trabalhos mais difíceis que você realizará; por isso, seja gentil consigo mesmo ao embarcar nesta jornada, ainda mais se você sofreu muito nas mãos de outras pessoas.

Além de perdoar aqueles que o prejudicaram, você também precisa perdoar a si próprio. Isso porque muitas pessoas, quando olham detidamente para experiências passadas de domesticação, descobrem que estão com raiva de si mesmas ou por permanecerem em uma situação ou por não se esforçarem mais para se libertar. Se isso se aplica a você, lembre-se de se perdoar por isso também. Você estava fazendo o melhor que podia na época; não há necessidade de se recriminar.

Respeitar a si mesmo também significa ser honesto consigo mesmo. Se você não está pronto para perdoar, essa é a sua verdade. Não subjugue a si próprio com "Eu preciso fazer tal coisa". Se você não está pronto, não está pronto; e a aceitação de si mesmo com essa verdade é praticar o amor incondicional. Afinal, trata-se de quebrar o ciclo de domesticação. Não se apresse, se assim preferir, para estar pronto para se curar. Perdoar é a etapa final para curar uma ferida.

Realizar um ritual de perdão pode ajudá-lo a remover antigas emoções que o mantêm preso no sofrimento do passado (faremos exatamente isso nos exercícios a seguir), e muitas das belas tradições espirituais do mundo fornecem orações maravilhosas e outras práticas para este fim. Na tradição tolteca, também defendemos outro passo para enxergar além das histórias de vilões e vítimas e exercer o poder de cura do perdão. A chave para fazê-lo está no cerne do terceiro compromisso de meu pai: não tome as coisas pelo lado pessoal.

Quando você pratica este compromisso em todas as suas implicações, percebe que nada que alguém faça é por sua causa. Nunca é pessoal, mesmo se alguém pretender que seja, já que você está simplesmente parado dentro dos limites da zona-alvo. Enxergar a verdade disso permite que você deixe de lado o passado e abrace a verdade do momento: seus domesticadores estavam apenas fazendo o melhor que podiam de acordo com seu nível de consciência na época.

Quando você reflete a fundo sobre este compromisso, o perdão se torna muito mais fácil porque você percebe que as ações dos outros tinham a ver com eles e o sofrimento, os apegos e as domesticações deles, e você constata que estavam perdidos na névoa, bêbados na festa, e, como resultado, não tinham capacidade de agir de outra forma. Respeite-os e permita que vivenciem as consequências de suas ações. Para cada ação, há uma reação igual e contrária. É desta forma que a vida nos ensina. Visto sob este prisma, podemos compreender melhor o significado da declaração de Jesus: "Pai, perdoa-lhes porque não sabem o que fazem" (Lc 23,34).

Se você nublou seu Sonho Pessoal com ressentimento, o primeiro passo para mudar isso é tomar consciência de tal fato. Depois de enxergar o que realmente está acontecendo, o passo seguinte para superá-lo é o perdão. Isso permite que você aproveite o poder do amor incondicional pelos outros. Os próximos exercícios o ajudarão a se aprofundar nesse processo.

Ritual de perdão

Em uma folha de papel, faça uma lista de todas as pessoas que você acha que o trataram mal no passado e que ainda não perdoou. Essa lista pode incluir membros de sua família, amigos, colegas de trabalho, conhecidos e por aí vai. Reveja a lista de nomes e pense brevemente sobre os incidentes envolvidos.

Em seguida, leia a seguinte declaração em voz alta:

"Eu, _____, estou pronto para perdoar todos aqueles que me infligiram dor e sofrimento no passado. Eu escolho perdoá-los para que suas ações do passado não possam mais afetar meu presente. Meu desejo é vê-los através dos olhos do amor incondicional. Eu também me perdoo por toda e qualquer coisa relacionada a esses eventos. Eu estava fazendo o máximo que podia na época. Oro para que essas pessoas, e eu mesmo, possamos sentir apenas amor e paz no futuro."

Assim como você fez no exercício do capítulo anterior, quando perdoou a si mesmo, quero que pegue esta folha de papel, amasse-a e jogue-a fora. Ao fazê-lo, visualize todos os sentimentos negativos que você guarda em relação a essas pessoas e eventos também sendo descartados no lixo.

Este ritual simples é o início da substituição do ressentimento por amor incondicional por aqueles que lhe causaram sofrimento. Dito isto, quando a dor infligida por outras pessoas é extrema, um ato de perdão raramente é um evento único. Como resultado, você provavelmente precisará repetir a declaração anterior sempre que os acontecimentos de seu passado reprisarem em sua mente e você voltar a senti-los, já que o parasita está tentando conduzi-lo pelo caminho da negatividade e do amor condicional.

Se houver alguém na lista que você esteja tendo dificuldade especial para perdoar, recite a oração a seguir todas as noites antes de ir para a cama, incluindo o nome da pessoa ou pessoas que você gostaria de perdoar:

"Eu oro para que _____ receba(m) tudo o que deseja(m) na vida, incluindo as experiências de amor incondicional, paz e felicidade."

Alguns de vocês provavelmente se irritaram ao ler isto, pois a perspectiva de orar para que essas pessoas recebam tudo o que desejam talvez seja o oposto do que você pensa que deseja para elas. Entendo esse sentimento, mas eu o encorajaria a dar uma chance a esta oração e repeti-la todas as noites durante duas semanas, mesmo que as palavras não pareçam sinceras. Muitas pessoas que têm realizado este exercício sistematicamente por duas semanas ficam surpresas com as mudanças que ocorrem dentro delas.

Lembre-se de que perdoar os outros é algo que você está fazendo por si próprio, não por eles. O perdão não significa que é para você esquecer os eventos do passado ou tolerar quaisquer ações; ao contrário, ele o liberta de ser controlado por eles ao lembrá-lo de que você só é responsável por suas próprias atitudes. O último exercício desta seção o ajudará a prosseguir na jornada do perdão.

Diálogo do perdão

PARTE 1

Este exercício consiste em duas partes escritas, cada qual com cerca de um parágrafo de extensão. Para começar, quero que você faça uma retrospectiva de sua vida e identifique um evento ou situação em que experimentou um sofrimento significativo nas mãos de outra pessoa. Pense em uma ocasião em que alguém tentou ou domesticou você, impondo à força sua vontade sobre você de maneira severa ou extrema. Este deve ser um grande evento que criou uma mudança em seu Sonho Pessoal, que modificou a maneira como você via os outros, provavelmente expondo seus defeitos, e acabou se tornando um momento decisivo em sua história pessoal. Muitas pessoas já passaram por algo assim, provavelmente durante seus anos de formação, mas também pode ser algo que aconteceu na idade adulta.

Anote os detalhes do evento como se fosse contar a alguém que não tivesse conhecimento prévio. Tome o tempo que precisar e repasse os detalhes em sua mente, voltando àquele momento para que você possa se lembrar do que aconteceu e de como se sentiu. E aqui está a parte importante: escreva de sua perspectiva na época, não do ponto onde você está agora. Concentre-se e seja totalmente verdadeiro consigo mesmo, deixe seus sentimentos fluírem e não se policie com o conhecimento do que é certo e errado, nem tente perdoar. Lembre-se de que este exercício é para você e, a menos que decida compartilhá-lo com alguém mais, você será a única pessoa que o verá.

Aqui está um exemplo de um querido amigo meu:

Uma noite, quando eu tinha nove anos, estava em casa assistindo TV quando ouvi meus pais começarem a discutir no outro cômodo. Eu já os tinha ouvido brigar antes, mas esta noite parecia diferente. Minha mãe entrou e me disse para ir para o meu quarto e fechar a porta, o que não era incomum. Fiz o que me foi dito e sentei-me em silêncio e com medo em meu quarto, ouvindo pelas paredes finas enquanto seus gritos ficavam cada vez mais altos. Então, escutei algo que nunca esquecerei: um grito horripilante de minha mãe seguido por um silêncio assustador. Eu congelei, em pânico, querendo sair do meu quarto, mas com medo do que encontraria se o fizesse.

Abri a porta e percorri o corredor até a sala de estar. Meu pai estava sentado sozinho no sofá e, quando me viu, disse: "Sua mãe saiu correndo de casa. Vá ver se consegue encontrá--la". Lembro-me de estar com medo e raiva dele ao mesmo tempo, mas minha principal preocupação era minha mãe. Saí para procurá-la. Estava escuro e eu estava assustado. Procurei na escuridão e chamei por ela, mas ela não respondeu. Então, percebi que a luz da varanda do vizinho estava acesa.

Enquanto eu caminhava em direção à varanda, podia ouvir vozes e minha mãe soluçando.

Perguntei a ela o que acontecera, mas no meu coração eu já sabia. "Seu pai me bateu", disse ela. "Ele me bate." Fui invadido por uma combinação de raiva e tristeza, e jurei proteger minha mãe se ele voltasse a tentar fazer aquilo. "Se ele fizer isso de novo, vou matá-lo", eu disse. Aquela noite mudou a minha vida, pois, pela primeira vez, o lado sombrio de meu pai estava totalmente à vista. Ele tirou a própria vida seis meses depois.

No caso do meu amigo, seu pai estava tentando domesticar sua mãe (e meu amigo, concomitantemente) por meio do uso da força. Seu exemplo pode não ser tão extremo, ou pode ser ainda mais. Para extrair o máximo deste exercício, encorajo-o a não seguir adiante com a leitura até que tenha anotado um exemplo de sua própria vida. Depois de fazê-lo, volte e prossiga com o exercício.

PARTE 2

A próxima parte envolve sua imaginação. Quero que você imagine que está encontrando a pessoa que o magoou apenas em sua forma espiritual. Nesse encontro, você pode falar diretamente com o Eu Autêntico da outra pessoa, a parte dela que está despertada, que não se perdeu na névoa nem está bêbada na festa. Nessa forma, está imbuída de amor incondicional e você pode dizer o que quiser sem medo. Diga-lhe como você realmente se sente a respeito dela e da situação, e então imagine o que essa pessoa diria a você da perspectiva de seu Eu Autêntico. Escreva esse diálogo entre vocês dois.

Aqui está o exemplo do meu amigo:

Pai, estou tão zangado e triste com o que aconteceu. Não acredito que você bateu em sua esposa daquele jeito. Você me assustou tanto. Somos melhores amigos, e eu admirava muito você. Não consigo entender como foi capaz de fazer isso. Qual é o seu problema? Quando você bebe, você se torna uma pessoa diferente. Sinto-me culpado por não estar lá para tentar impedi-lo. Quando você morreu alguns meses depois, fiquei triste, mas também um pouco aliviado, porque sabia que não teria mais que me preocupar com a sua violência. Não pude deixar de me sentir culpado por me sentir aliviado com sua morte também.

Filho, sinto muito por magoar sua mãe e você. Perdi completamente o controle de mim mesmo. Eu não sabia o que estava fazendo. Quando bebo, não sou eu mesmo. Saiba que desejo apenas o melhor para você e sua mãe. Eu amo muito vocês dois, e se eu pudesse voltar atrás, naquele momento, eu o faria. Lamento muito e peço seu perdão. Você não tem que se sentir culpado por coisa alguma, absolutamente. Eu sou responsável por toda a situação; en-

tão, quero que você deixe tudo para trás agora mesmo. Por favor, saiba que de onde estou agora tenho apenas amor por você e sua mãe, e estou me esforçando para ajudá-los de longe.

Este exercício permite que você entre em contato com seus sentimentos na época, expresse-os e, em seguida, ouça a resposta da outra pessoa, dita da perspectiva de seu Eu Autêntico. O resultado para a maioria das pessoas é que elas são mais capazes de ver e entender que as ações do outro não são pessoais e que no coração de cada pessoa reside o amor incondicional.

Lembre-se de ser gentil consigo mesmo ao explorar e liberar esses eventos passados que lhe causaram dor. Isso pode ser difícil, mas a verdade é que, quanto mais difícil for, mais você tem a ganhar. A liberdade que você experimentará afetará profundamente sua vida no futuro, e é muito difícil progredir em seu caminho sem passar por esta importante etapa do perdão. Vá com calma e retorne a estes exercícios quando precisar, indo um pouco mais fundo a cada vez.

5

Identificando os gatilhos e manobrando as armadilhas

Até este ponto neste livro, as informações apresentadas foram em grande parte para estabelecer os alicerces. Isso porque, no processo de se tornar um Mestre de Si Mesmo, a pessoa começa por compreender que estamos sonhando, tanto no nível pessoal quanto no coletivo. Uma vez que o Sonho é reconhecido, voltamos nossa atenção para as coisas que podem tornar o Sonho um pesadelo, especificamente a domesticação e o apego, que você deve lembrar que são alimentados pelo amor condicional. Também aprendemos que o antídoto para o pesadelo é o amor incondicional, e a chave para acessar esse tipo de amor consiste em perdoar os outros e a nós mesmos.

Mas a informação por si só não faz de você um mestre. Aplicar as ferramentas sim, e é para isso que voltaremos nosso foco agora. Ao viver a vida, envolvendo-se e interagindo com outras pessoas, em vez de sentar-se sozinho na clausura de um monastério, você com certeza encontrará muitas situações que têm o potencial de prender sua atenção e deixá-lo em desequilíbrio. O Sonho do Planeta está repleto de armadilhas desse tipo, e cair nelas o arrasta para longe da sua consciência e de volta para a névoa e o drama da festa.

Um dos pilares do Domínio de Si Mesmo é aprender a identificar os gatilhos e manobrar as armadilhas que estão esperando para prendê-lo, e nada pode ajudá-lo mais neste processo do que tomar consciência de suas emoções.

Compreendendo suas emoções

Nossas emoções são ferramentas maravilhosas. Estar em contato com elas nos permite experimentar a vida ao máximo. Quando estamos conscientes, nossas emoções podem nos ensinar uma variedade de coisas. Elas podem nos mostrar o que gostamos e não gostamos, o que é realmente importante para nós em contraste com o que não é, e podem proporcionar um maravilhoso guia para descobrir o trabalho que devemos fazer no Sonho do Planeta.

Por exemplo, quando você se depara com uma decisão importante e não tem certeza de qual curso de ação tomar, uma coisa que pode ajudá-lo é se concentrar em como você se sente sobre as opções apresentadas, em vez de se deixar levar pelas histórias que seus narradores estão despejando. À medida que você se conhece melhor, esse tipo de discernimento se torna uma ferramenta muito eficaz para reconhecer o que você realmente deseja. No vernáculo popular, isso seria referido como "ouvir seu coração em vez da razão", mas na verdade trata-se do Domínio de Si Mesmo em ação.

Suas emoções também podem mostrar onde você ainda está apegado e revelar quaisquer medos e dúvidas remanescentes de domesticações anteriores das quais você ainda não se libertou. Às vezes, você nem vai perceber que tem um apego até que um evento desencadeie uma reação emocional em você. Sempre que você sentir uma explosão de raiva, frustração, culpa, vergonha ou qualquer outra emoção negativa, essa é a sua deixa para olhar para dentro e ver o que está acontecendo. Faça a si mesmo perguntas como: de onde vem esse sentimento? Quando eu experimentei isso antes? Qual é a fonte desse sentimento? Uma vez que você esteja consciente do que está acontecendo em seu interior, você é capaz de se acalmar e deter a espiral descendente antes de perder o controle.

Embora a raiva seja uma reação emocional comum, não é de forma alguma a única. Fechar-se, ficar na defensiva ou ser passivo-agressivo, sentir culpa ou remorso ou quaisquer reações inúteis entre os extremos são outras maneiras pelas quais você pode reagir emocionalmente e perder a consciência de seu Eu Autêntico.

Quer sua tendência seja ser consumido pela raiva e fúria ou ficar emburrado no canto em silêncio, a causa subjacente de todas essas reações emocionais é sempre o medo, a ferramenta do amor condicional. Quando o medo toma conta de você e provoca uma reação emocional, seus apegos e domesticações agora estão comandando o show, e o amor incondicional é jogado para escanteio. Tornar-se um Mestre de Si Mesmo é perceber quando você começa a ter uma reação emocional e se perguntar imediatamente: "Do que eu tenho medo?" Quanto mais rápido você puder identificar e libertar-se do medo, mais rápido você se tornará enraizado no Eu Autêntico.

Qualquer reação emocional que você experimentar é sua, não de outra pessoa e, consequentemente, está aqui para lhe ensinar algo sobre você. O Mestre de Si Mesmo vê isso como uma oportunidade de aprender e crescer e, ao fazê-lo, você pode lidar com essas emoções antes que elas levem a uma explosão que cause danos ao seu Sonho Pessoal ou ao Sonho do Planeta.

Conflito no Sonho do Planeta

Como há mais de sete bilhões de Sonhos Pessoais acontecendo simultaneamente no Sonho do Planeta, divergências são inevitáveis. Mas essas divergências também podem servir a um propósito muito saudável, pois desafiam cada um de nós a evoluir continuamente nossos respectivos Sonhos Pessoais. Num diálogo, quando uma das pessoas, para não dizer as duas, tem uma reação emocional em decorrência de uma divergência, a possibilidade de enxergar as coisas do ponto de vista da outra deixa de existir e o conflito tem início. Uma reação emocional o deixa preso, incapaz de seguir em frente até que você olhe mais profundamente para o que quer que a emoção esteja tentando lhe dizer.

Todo Mestre de Si Mesmo – até aqueles que implementaram essas ferramentas diligentemente por anos – irá se deparar com certas pessoas e situações que apresentam desafios especiais. São pessoas que podem de fato tirá-lo do sério, e lidar com elas provavelmente desencadeará uma reação emocional. Embora em muitos casos você possa evitar indivíduos e situações dramáticas ou que geram ansiedade, sempre haverá aqueles momentos em que você não pode simplesmente dar as costas, momentos estes em que você tem que lidar com a pessoa ou situação em questão naquela hora.

A pergunta que se coloca, então, é: você consegue interagir sem ser arrastado de volta para o drama da festa? Você é capaz de permanecer centrado em seu Eu Autêntico e mostrar respeito pela outra pessoa? Como Mestre de Si Mesmo que deseja manter o controle de sua vontade e demonstrar amor incondicional por todos no Sonho do Planeta, você pode permanecer em equilíbrio muito mais facilmente se descobrir por que essa pessoa tem a capacidade única de provocar uma reação em você. Pense nisso. De todas as pessoas no mundo inteiro, esse indivíduo pode tirá-lo do sério talvez com mais eficiência do que qualquer outro. É uma dádiva muito especial esta que tal pessoa está lhe oferecendo, e a liberdade o aguarda assim que você descobrir o porquê. Em minha experiência, a raiz pode muitas vezes ser atribuída a uma de três opções (e, às vezes, mais de uma simultaneamente). Vamos analisá-las agora.

1. **Domesticação anterior.** É possível que a pessoa ou situação desencadeie uma lembrança profunda de alguém tentando domesticá-lo e você lutando contra isso. Mesmo que você não consiga se lembrar totalmente do evento, seu subconsciente ou lembrança profunda está fazendo a conexão. Como resultado, sua percepção da situação atual é distorcida pela domesticação do passado. Você está vendo essa pessoa como uma ameaça potencial e sua mente consciente ou inconsciente a identificou como tal, mesmo que você não perceba.

Se você conseguir ligar os pontos e perceber que o motivo pelo qual essa pessoa o incomoda se baseia em uma experiência passada e não na situação atual, você começou a eliminar o poder que ela tem de perturbá-lo, colocando sua vontade no controle novamente. Ciente da lembrança ou situação semelhante que a pessoa está ativando, você pode trabalhar para perdoar e libertar-se do trauma causado pelo domesticador do passado e enxergar a situação atual sob uma nova ótica, não mais obscurecida pela sombra do seu passado. Muitas vezes, a simples associação com o passado começa a libertá-lo do tormento da situação presente, removendo assim seu poder sobre você e neutralizando-o como um gatilho potencial.

2. **Espelhamento.** Todos são nosso espelho, e nosso reflexo das coisas que não gostamos em nós mesmos é mais vívido naqueles que têm as mesmas características. Em outras palavras, você pode enxergar uma parte de si mesmo nessa outra pessoa, mesmo que não se dê conta disso. Esta verdade pode surpreender alguns de vocês, e sua reação inicial pode ser discordar. Mas convido você a analisar mais profundamente. Qual-

quer que seja a característica que você enxerga em outra pessoa e não gosta é muitas vezes uma característica que você observa em algum grau em si mesmo. Por exemplo, se você pega alguém mentindo e isso o incomoda muito, você consegue reconhecer uma época no passado em que também tenha sido um mentiroso? Se você se pegar reclamando dos defeitos de seus amigos, observe quantas dessas reclamações também podem se aplicar a você. Pode ser uma verdade difícil de digerir a princípio, mas também é uma ferramenta útil para desfazer qualquer reação interna negativa que ocorra ao lidar com outra pessoa, porque permite que você a veja como você mesmo.

3. **Apego.** Quando você encontra alguém que tem uma capacidade fora do comum de lhe provocar uma reação, talvez seja porque você tem um apego a uma crença que sente que precisa ser defendida e vê essa outra pessoa como uma ameaça a essa crença. Quando você está muito apegado às suas crenças, é quase certo que surjam conflitos. Embora algumas crenças necessitem ser defendidas, especialmente quando envol-

vem o seu bem-estar físico ou o de outra pessoa, tais crenças normalmente não são aquelas pelas quais nos encontramos em conflito. Há uma grande diferença entre defender uma crença que protege seu ser físico e uma crença que simplesmente apoia uma posição que seu ego considera preciosa. Conhecer a diferença entre os dois, além de afirmar seu compromisso em respeitar o direito de outra pessoa de ter uma crença diferente da sua, é uma forma de se desfazer de seu apego a uma crença baseada no egoísmo e ver o ponto de vista da outra pessoa com respeito.

Colocando em prática o Domínio de Si Mesmo

Da próxima vez que você se vir em uma situação que comece a deixá-lo zangado ou na defensiva, que o faça sentir-se culpado ou triste, ou desperte algo semelhante, o primeiro passo é detectar a emoção. Admita que ela está presente e aceite que esses sentimentos estão dentro de você. O simples fato de identificar, admitir e aceitar os sentimentos costuma produzir um efeito calmante e iniciar o processo de rejeitá-los. A seguir, questione-se:

- O que a manifestação dessa emoção pretende lhe mostrar?
- Que medos as palavras ou ações de outra pessoa estão ativando dentro de você?
- O que você está tentando controlar, e por quê?

Na maioria dos casos, a resposta se enquadrará na categoria de domesticação, espelhamento ou apego passados.

Um Mestre de Si Mesmo reconhece que a manifestação de quaisquer emoções negativas é, na verdade, uma dádiva, uma oportunidade de descoberta, já que ninguém mais é responsável por suas reações emocionais senão você mesmo. Vale a pena repetir essa última frase: *ninguém mais é responsável por suas reações emocionais senão você mesmo*. Os outros podem dizer e fazer o que quiserem, mas o que acontece dentro de você é apenas o resultado do que você está pensando e sentindo.

Às vezes, você pode se encontrar em uma situação em que manifesta uma emoção negativa cuja origem não consegue identificar de imediato e, mesmo quando consegue, não é capaz de se livrar dela, pois pode senti-la crescendo dentro de você. Nesses casos, evite fazer ou dizer qualquer coisa naquele momento, se houver essa opção. Em seguida, retire-se da situação até adquirir mais clareza. Não deixe que ninguém lhe diga que ser um Mestre de Si Mesmo não envolve força de vontade, pois, em certas situações, exercer a moderação pode exigir toda a força de vontade que você tem.

Em alguns casos, fazer uma pausa pode não ser possível, e você se encontra diante de uma pessoa ou coisa que está amplificando a reação emocional dentro de você, e você decide lidar com a situação imediatamente como ela se apresenta. É nessas horas que o respeito e o amor incondicional entram em jogo. Por meio do poder da sua vontade, lembre-se de que a outra pessoa é digna de seu respeito, o que não significa assumir a responsabilidade pela vontade dela tentando impor sua própria vontade sobre ela – mesmo que você discorde de sua posição. Lembre-se de que essa pessoa enxerga o mundo pelo seu próprio ponto de vista, domesticado ou não. Ao manter o respeito e o amor incondicional pela outra pessoa, você pode permanecer calmo no momento e expressar seu ponto de vista com amor.

De novo, a pergunta de verificação rápida a se fazer antes de falar é esta: o que estou prestes a dizer vem mesmo de mim ou de minhas crenças domesticadas? Se sua declaração estiver tentando impor uma condição ao outro, então, eu o encorajo a buscar internamente e encontrar novas palavras. Se você parte de pensamentos seus conscientes, quaisquer palavras que saiam de sua boca serão as corretas. Lembre-se: partir do amor incondicional não significa que dizemos coisas que a outra pessoa irá apreciar ou com as quais vá concordar, mas, nesses momentos, recordemo-nos que não podemos controlar a percepção ou a reação da outra pessoa; só temos controle sobre nós mesmos.

Às vezes, sair da situação e não retornar é a melhor opção para evitar mais conflitos. Quando a outra pessoa não o respeita mais, ela tentará submetê-lo à sua vontade. Para preservar o respeito por si mesmo, em geral é aconselhável dar meia-volta antes que suas emoções assumam o controle e você faça ou diga algo de que se arrependerá mais tarde. Sair assim não é fugir de seus problemas ou ignorar suas emoções, mas sim, uma decisão prudente fundamentada no autocuidado, já que se envolver ainda mais não seria útil para nenhuma das partes. Um mestre de artes marciais lhe dirá que a mente é sua arma mais poderosa e sua primeira linha de defesa. É preciso disciplina para usar o punho para defender seu corpo físico e não ser tentado a se tornar o tirano da agressão. Esteja sempre ciente do que está do outro lado do autorrespeito.

A alternativa para o que foi dito antes é permitir que suas emoções o controlem e revidar com raiva, reagir exageradamente com uma atitude defensiva ou qualquer coisa entre esses extremos. Naquele momento, você é atraído de volta para o drama da festa, perdendo-se novamente na fumaça e no nevoeiro. O resultado desse tipo de comportamento é sempre o mesmo; você produz sofrimento para si mesmo e para os outros no Sonho do Planeta.

Gatilhos modernos

O mundo moderno apresenta algumas novas e interessantes maneiras de desencadear reações emocionais. Imagino que muitos de vocês que estão lendo isto estão familiarizados com sites de mídias sociais como Facebook, Twitter etc., bem como com mensagens de texto. As mídias sociais e as mensagens de texto nos conectaram de uma forma que nunca vimos antes no Sonho do Planeta. Embora as mídias sociais possam nos ajudar a manter contato com aqueles com quem temos um vínculo, também se tornaram um terreno fértil para reações emocionais a conversas digitais e, consequentemente, os sites às vezes mais parecem um campo minado emocional do que um *playground* eletrônico.

A boa notícia é que essa tecnologia oferece outra ferramenta valiosa para a autoexploração, já que você pode observar as suposições que faz sobre os outros. Em outras palavras, uma vez que você não pode ver as expressões faciais ou a linguagem corporal de alguém quando ele posta algo nas redes sociais ou envia uma mensagem de texto, a primeira reação de sua mente é muitas vezes efetuar uma suposição de seu significado por meio da projeção de sua intenção. Dessa forma, você pode preencher as lacunas projetando uma emoção em um comentário, postagem ou mensagem que a pessoa que escreveu não pretendia demonstrar. As mídias sociais e as mensagens de texto permitem que você observe quais emoções você projeta ou presume que o outro indivíduo tencionava manifestar e investigue quais domesticações e apegos internos estão na origem de suas suposições.

Lembre-se de que ser um Mestre de Si Mesmo não significa que somos robôs desprovidos de sentimentos, ou que nunca mordemos a isca e não reagimos emocionalmente. Mas quando você abre mão do controle de sua vontade por meio de uma reação emocional em vez de uma resposta consciente, praticar essas ferramentas permite que você se recupere rapidamente. Reconhecer que sente raiva, ciúme, rancor, tristeza e outras emoções do gênero permite que você enxergue a verdade sobre como se sente neste exato momento. A compreensão pode levar apenas um segundo ou uma noite revirando-se na cama, mas a espiral descendente termina no momento em que você se entrega à verdade. Quando você encontra a verdadeira fonte da emoção (geralmente, alguma domesticação anterior ou apego atual), você pode usar esse conhecimento como um instrumento de transformação.

Toda vez que você cair na armadilha de reagir em vez de responder, pergunte-se: do que eu tenho medo? Quando tiver a resposta a isso, você pode analisar mais profundamente para descobrir de onde advém o medo. As reações emocionais sempre se manifestarão e terão poder sobre você até que você lide com os medos não resolvidos que se ocultam por trás delas. A boa notícia é que, depois de descobrir o que o aflige e livrar-se desse medo, a situação não mais terá poder sobre você.

Resolvendo conflitos

No Sonho do Planeta, as pessoas geralmente não agirão da maneira que você deseja ou como você acha que deveriam. Nem sempre elas concordarão com suas ideias ou crenças. Isso levanta a questão: como você reage quando os outros não se comportam da maneira que você gostaria? Você tenta impor sua vontade e submetê-los ao seu ponto de vista? Ou você consegue recuar e respeitar o ponto de vista deles?

Este exercício o ajudará a descobrir. Para começar, pense em um conflito recente que você teve com outra pessoa. Pode ser algo que aconteceu em casa, no trabalho, na escola etc. – qualquer caso em que você e outra pessoa manifestaram pontos de vista opostos. Escreva resumidamente o conflito em uma folha de papel. Então, responda as seguintes questões:

• Nesse conflito, a que crença você estava tentando submeter a outra pessoa? (Não se trata de fazer uma avaliação para verificar se uma crença é "certa" ou "errada"; o objetivo aqui é tornar-se ciente de qual é a crença.)

• Você sabe de onde se origina essa crença?

• É uma crença que você deseja manter? Não há respostas certas ou erradas aqui. Tudo bem se a crença for verdadeira para você, e tudo bem se não for; a questão é saber para que você não continue a lutar por uma crença na qual já não acredita, já que se trata da domesticação em ação.

• Como você tratou a outra pessoa quando ela não concordou com você? Você respeitou o ponto de vista dela ou tentou forçá-la a ver as coisas do seu jeito?

• Qual você acha que é a crença da outra pessoa? Você consegue ver outra perspectiva nesta mesma situação? É capaz de ver como a crença da outra pessoa é verdadeira para ela?

• Como você deseja agir da próxima vez que um conflito como este surgir? Existe uma forma de interagir com a outra pessoa, ser fiel a si mesmo e não tentar mudá-la ou subjugá-la?

Como Mestre de Si Mesmo, você sabe que evitar todos os conflitos é impossível, então, quando eles surgem, seu trabalho é fazer uma busca interior, procurar enxergar o que é verdadeiro para você no momento e encontrar uma forma de honrar suas próprias crenças, respeitando simultaneamente as escolhas e crenças dos outros. Retorne a este exercício sempre que houver um conflito com outra pessoa.

O poder transformador de escutar

O exercício a seguir o ajudará a manter os pés no chão e em contato com suas emoções. O foco é escutar as pessoas em sua vida que têm crenças e valores diferentes dos seus.

Encontre alguém próximo de você e faça uma pergunta sobre um tópico sobre o qual você sabe que discordam. Então, escute. Este não é o momento para você compartilhar suas próprias opiniões. Apenas ouça. Peça à pessoa para explicar melhor sua opinião sem desafiá-la ou menosprezá-la e, enquanto ela fala, certifique-se de fazer o seguinte:

Observe a linguagem corporal da pessoa enquanto ela fala. Perceba como suas expressões faciais e maneirismos mudam quando ela está simplesmente tentando compartilhar sua opinião e quando tenta persuadi-lo ou convertê-lo. Como você se sente quando ela muda do compartilhamento de conhecimento para a imposição? Você consegue sentir a diferença em seu interior? É daí que vêm suas reações ao tópico – não das palavras dela, mas de dentro de você.

Tente compreender de onde se originam. Ao escutar, tenha em mente que a pessoa provavelmente carrega uma experiência ou domesticação que influencia sua visão de mundo. Em vez de encarar sua visão como equivocada, tente enxergar de onde ela se origina e compreenda seus apegos. Afinal, não importa se você está certo.

Escute sem planejar sua réplica. Tente ouvir o que a pessoa está dizendo sem pensar em uma resposta. Se você focar a atenção em sua réplica enquanto ela está falando, você não está de fato escutando. Ao não formular uma resposta, você fica mais apto a ouvir sem que sua projeção atrapalhe.

Expresse sua opinião somente depois que a pessoa terminar de falar e somente se ela perguntar. Em primeiro lugar, diga à pessoa que você valoriza o ponto de vista dela. A seguir, identifique e resuma todos os pontos com os quais você pode concordar. Fazer isso é um sinal de respeito e permite que o outro saiba que foi ouvido, e pode preparar o terreno para que, em contrapartida, ele demonstre respeito. Por último, apresente respeitosamente seu ponto de vista.

Observe seus próprios apegos. Por fim, use este exercício como uma forma de escutar e perceber o mundo de um ponto de vista diferente, concordando ou não com ele, e observe se seus próprios apegos estão ofuscando sua visão. Em outras palavras, essa pessoa poderia estar certa a respeito de algum de seus pontos?

Sinta suas emoções. Observe todas as emoções negativas que surgirem enquanto você estiver escutando. Por exemplo, você sente medo? Raiva? Tristeza? Qual é a fonte dessas emoções? Se essas emoções se manifestarem para você, a oportunidade de descobrir sua origem é uma dádiva.

Praticar este exercício com sua família e amigos o ajudará a interagir com os outros com respeito e a manter a consciência de suas emoções enquanto o faz. Se a família representar um desafio grande demais, pratique com seu círculo externo de amigos e trabalhe objetivando o círculo interno. Isso não apenas o ajudará a promover o respeito pelos outros, mas também o tornará mais consciente das crenças e apegos que norteiam seu Sonho Pessoal. Você também pode se tornar mais aberto àqueles que são diferentes de você ou que compartilham uma visão de mundo distinta da sua, avançando para a aceitação dos demais livre de preconceitos ou condições.

Controlando sua vontade

Quando uma reação emocional começa a se manifestar dentro de você, deixar de morder a isca e não cair na armadilha pode exigir toda a sua força de vontade. Este exercício tolteca foi elaborado não apenas para fortalecer sua força de vontade, mas também para acalmar sua mente durante o processo.

Encontre uma cadeira com espaldar reto que lhe permita sentar-se com os joelhos em um ângulo de noventa graus. Escolha um local seguro onde você não seja incomodado e programe um cronômetro para cinco minutos.

Feche os olhos. Concentre-se em sua respiração. Não se mova durante esses cinco minutos – nem mesmo para coçar o nariz ou ajeitar-se para uma posição mais confortável. Se você se mover, reinicie o cronômetro. Não ceda à tentação de dizer sim para movimentar qualquer parte do corpo.

O objetivo deste exercício é avaliar quão firme é a sua força de vontade ao manter seu corpo imóvel. Conseguindo alcançar esse tempo, aumente-o, se desejar, trabalhando para atingir quinze ou até mesmo trinta minutos. No entanto, antes de acrescentar mais tempo, considere incluir o seguinte elemento ao exercício.

Repita todas as etapas anteriores, mas, enquanto estiver sentado, imagine-se sozinho em uma praia, tendo como companhia nada além da areia, da água e do sol. Agora, é hora de correr. Imagine-se correndo, sentindo a areia, a água e a brisa fresca da praia. À medida que sua mente se preenche com tal imagem, você pode querer também movimentar o corpo. Escolha mantê-lo imóvel, sem se desviar do exercício. Se você for capturado por uma cadeia de pensamento que o afaste da praia, ou se mover qualquer parte de seu corpo, reinicie o cronômetro e comece de novo, e de novo, até que possa alcançar os cinco ou quinze minutos contínuos. Como você provavelmente descobrirá, fortalecer a vontade de sua mente é mais difícil do que a vontade de seu corpo.

Ambos os exercícios podem ajudar a fortalecer sua vontade, de modo que você possa fazer uma escolha consciente em situações em que anteriormente teria reagido de maneira emocional. No próximo capítulo, examinaremos mais de perto todas as escolhas que você faz, para que possa determinar se são resultado de seu livre-arbítrio ou um hábito oriundo de sua domesticação e apegos.

6

Interrompendo o ciclo do automático

Quando os europeus tiveram contato pela primeira vez com os nativos das planícies da América do Norte, ficaram perplexos com um pequeno número de membros de uma tribo que agia de forma oposta aos demais. Esses indivíduos cavalgavam para a batalha montados de costas, respondiam com "adeus" quando alguém cumprimentava com "olá" e a todo momento faziam ou diziam coisas que eram o contrário dos costumes normais. Incapazes de enxergar através da névoa, os europeus acharam esses guerreiros divertidos e os chamaram de "soldados palhaços".

Mas o que os europeus não perceberam é que esses guerreiros não estavam realizando essas ações para entreter os outros. Em vez disso, eles cumpriam um papel muito especial, até mesmo xamânico, dentro da tribo. Estudiosos modernos referem-se a eles apropriadamente como "guerreiros contrários" em vez de palhaços, e quando olho para trás e penso no papel desses guerreiros, fica claro para mim que eles entenderam que, sem consciência, ações repetitivas limitariam a capacidade da mente de perceber todas as opções possíveis. Como esses guerreiros costumavam reagir às situações de maneira oposta, eles desafiavam constantemente o pensamento tradicional da tribo, incitando-os a avaliar suas convenções e a examinar todas as opções e possibilidades. É isso que quero para você.

Se você observar a si mesmo e aos outros no Sonho do Planeta, descobrirá que você e a maioria dos demais tomam várias decisões todos os dias sem levar em consideração todas as opções disponíveis, e essa prática parece normal para quase todas as pessoas. Por exemplo, o trajeto que você percorre diariamente para o trabalho ou a mão com a qual segura sua escova de dentes são decisões automáticas. São ações rotineiras, presume-se que o resultado seja conhecido e, se você for como a maioria das pessoas, tomará essas decisões sem pensar muito nelas. Consequentemente, é fácil passar o dia sem considerar as possibilidades, ou mesmo estar *ciente* de que existem outras possibilidades – até que haja um desvio por causa de um trecho em obras, ou você torça o pulso e tenha de escovar os dentes com a outra mão.

Embora tomar decisões automaticamente possa parecer aceitável nas pequenas coisas, se você não tomar cuidado, pode lentamente passar a viver sua vida no piloto automático, e isso começará a se espalhar também para outras áreas mais significativas. Em outras palavras, quando você desenvolve o hábito de tomar decisões automáticas em todas as pequenas escolhas, pode se tornar mais difícil parar e refletir sobre as escolhas maiores quando forem apresentadas a você – especialmente quando sua domesticação e apegos estão tentando controlá-lo. Na tradição tolteca, chamamos isso de viver no ciclo do automático.

Não há dúvida de que existe espaço para decisões automáticas, como aquelas que ajudam o corpo em momentos de pressão física. Por exemplo, digamos que você esteja caminhando pela borda de um penhasco e seu pé escorregue. Seu corpo e sua mente se unem instintivamente para ajudá-lo a agarrar uma saliência antes de mergulhar para a morte. Todos podemos concordar que esta é uma decisão automática muito útil; é uma resposta física natural. Mas compare esse cenário com o seguinte: vamos supor que uma pessoa atraente entre na sala e seu primeiro pensamento seja "Essa pessoa nunca se interessaria por alguém como eu, nem mesmo tentarei", ou quando vê uma vaga de emprego e você diz a si mesmo "Não vou me candidatar a esse cargo porque eles não contratariam alguém como eu". Em tais situações, você pode ver onde sua domesticação e apegos limitaram suas ações de uma forma que é incoerente com o que você realmente deseja.

Deixar de abordar alguém que você gostaria de conhecer ou não se candidatar a um cargo que você almeja ter não é o mesmo que nosso corpo agir instintivamente, visto que os primeiros são comportamentos aprendidos, enraizados na domesticação anterior de "não ser bom o suficiente". Se nada for feito, o apego a essa ideia irá controlá-lo a tal ponto que qualquer escolha que você pensa que tem é uma ilusão. Um Mestre de Si Mesmo cultiva a prática da consciência e, ao fazê-lo, fica atento às escolhas que faz para que sejam um reflexo de seu Ser Autêntico.

Somente quando tivermos cultivado a prática da consciência podemos saber se estamos fazendo escolhas com base no que realmente queremos, ou se estamos fazendo escolhas com base em nossa domesticação e apegos. Se estivermos perdidos na névoa, a ideia de que temos escolha é uma ilusão autoprojetada. Sem identificar e romper as cadeias de nosso passado, não temos o livre-arbítrio para realizar novas ações. Conscientização é a chave para entender onde sua domesticação e apegos tornaram a ideia de que você tem uma escolha uma ilusão.

Embora eu já tenha usado a palavra *consciência* muitas vezes neste livro, vamos parar um momento para examinar seu significado mais detidamente. Conscientização é o processo de focar sua atenção em seu corpo, sua mente e o que está ao seu redor no momento presente. Consciência é uma prática excepcional, pois além de prestar atenção ao que está acontecendo no mundo exterior, você também observa o que está acontecendo dentro da sua mente, percebendo quais pensamentos surgem e rastreando suas origens. A prática da consciência é base para o Domínio de Si Mesmo, pois é o principal meio que uma pessoa tem para aprender sobre si própria: do que gosta e do que não gosta, sua domesticação e seus apegos. A consciência é uma atenta comunhão consigo mesmo e com o ambiente que o cerca.

Outro importante benefício de estar consciente de seus pensamentos e observá-los surgir e desvanecer é que isso permite que você perceba uma verdade que discutimos no capítulo anterior: você não é seus pensamentos. Seus pensamentos são simplesmente narradores. A energia consciente que torna esses pensamentos possíveis é quem você é. Há uma bela passagem no Kena Upanishad, um antigo texto indiano, que destaca a natureza da consciência e do Eu Autêntico de maneira muito bonita:

> *Que não pode ser vista com o olho, mas por meio da qual o olho pode ver (...)*
> *Que não pode ser ouvida pelo ouvido, mas por meio da qual o ouvido pode ouvir (...)*
> *Que não pode ser expressa em palavras, mas por meio da qual as palavras são expressas (...)*

Que não pode ser pensada com a mente, mas por meio da qual a mente pode pensar (...)

Ao aprender sobre si mesmo por meio da prática da consciência, você é capaz de fazer escolhas de acordo com suas verdadeiras preferências, em vez de segundo quaisquer domesticações e apegos anteriores, e isso lhe dá a liberdade de exercer sua vontade da melhor maneira para desenvolver seu Sonho Pessoal e o Sonho do Planeta.

Sem consciência, sua domesticação e apegos o limitarão a tomar atitudes subordinadas aos sistemas de crenças que construíram. Isso não é livre-arbítrio, uma vez que você abriu mão de sua liberdade pessoal para conservar ideias que foram plantadas em você muito tempo atrás. Quando preso no ciclo do automático, você está, por definição, agindo sem consciência. Você substituiu quem você de fato é por quem você acha que deveria ser. Ao viver sua vida no piloto automático desta forma, sem consciência das possibilidades que existem sob uma forma nova a cada momento, você acaba nas mesmas situações repetidamente, realizando as mesmas escolhas, e então se pergunta por que nada muda.

Outras manifestações do ciclo do automático

Pense nas pessoas que você encontra regularmente. Você os vê de fato, todas as vezes, como eles são no momento presente? Ou você automaticamente presume que conhece a pessoa e, como resultado, só enxerga a imagem dela que já está na sua mente? Sem consciência, sua mente faz certas suposições com base em sua experiência anterior com tal pessoa. Por conseguinte, você não está vendo quem ela é hoje, mas sim projetando uma identidade desatualizada e baseada no passado compartilhado entre vocês. Desta forma, alguém próximo a você pode estar mudando ou tentando mudar, mas você não consegue se dar conta porque está apegado à imagem anterior dele em sua mente.

Isso não significa que você não deva levar em consideração sua experiência anterior com alguém ao tomar decisões no presente; mas quando você está consciente, pode ver que estamos todos mudando, o tempo todo. A pessoa que está diante de você agora não é a mesma que você viu ontem. A diferença pode ser sutil ou aparente, mas certamente existe.

Outro mal-entendido comum ocorre quando você substitui uma reação automática por sua oposta e confunde isso com uma escolha consciente. Vejo isso com frequência em pessoas que tentam interromper as crenças adquiridas em sua infância. Quando você discorda veementemente de uma ideia que lhe foi imposta quando criança, você pode se rebelar por completo e fazer o oposto. Mesmo que suas intenções sejam nobres, fazer o oposto apenas por ser totalmente diferente não é livre-arbítrio, já que ambas as ações fazem parte do ciclo do automático. Você não está dedicando um tempo para fazer as pazes com seu passado, analisar todas as opções disponíveis e determinar se há outra opção de sua preferência. Você está simplesmente rejeitando a ideia de outra pessoa de como viver sua vida e indo ao extremo contra isso. Você continua dando poder à sua domesticação, mas, desta vez, ao contrário, permitindo que a escolha oposta crie uma identidade para você.

Escolher o oposto pelo oposto é muitas vezes ditado pelo medo, e qualquer escolha ditada pelo medo não é uma escolha livre, não importa quão bem intencionada seja. Depois de revisar todas as opções disponíveis, você ainda pode escolher seguir o curso oposto, mas a diferença é que agora é uma escolha ponderada, feita com consciência, ao invés de uma reação impensada, e suas ações são governadas pelo amor por si próprio em vez de pelo medo.

Ao invés de ficar preso a uma decisão automática ou ao seu oposto, a consciência permite que você esteja ciente de todas as possibilidades disponíveis. Você está ciente não apenas de qualquer domesticação que esteja tentando controlar suas escolhas, mas também de sua reação a essa domesticação. Com a consciência de ambas, você é livre para escolher o que o faz feliz no presente.

O simples ato de parar antes de tomar uma decisão ou agir, pensando sobre o que você realmente deseja em uma situação *versus* o que pode ser uma escolha automática, é o primeiro passo para interromper o ciclo do automático. Se você simplesmente separar um momento para estar no presente e se perguntar "O que eu realmente quero agora?", a resposta, em alguns casos, pode surpreendê-lo.

À medida que você se aprimora na prática da consciência, aprende mais sobre suas verdadeiras preferências e aumenta a autoconfiança em sua própria vontade. Por outro lado, à medida que você se torna mais consciente de suas domesticações e apegos atuais, verá em que momento eles o levaram a tomar decisões e julgamentos automáticos em sua vida diária. Este é o primeiro passo para recuperar sua vontade e sua liberdade de escolha, pois quanto mais você praticar a consciência, menos automáticos serão suas escolhas e julgamentos.

A prática faz o Mestre

Fazer escolhas diferentes conscientemente pode ser assustador. Você está deixando sua zona de segurança testada e comprovada e adentrando o desconhecido. Ser um Mestre de Si Mesmo não significa que você não terá medo ao fazer uma nova escolha – você certamente terá –, ainda mais quando sua escolha desafia os limites que você estabeleceu anteriormente para si mesmo e, assim, o conduz para o novo. Mas é apenas no reino do desconhecido que a verdadeira transformação pode acontecer, e fazer uma escolha que você sabe que precisa fazer para evoluir independente de qualquer medo que surja é muito diferente de permitir que o medo dite sua escolha. Esta é uma verdade por si só que muitas vezes passa despercebida para as pessoas.

À medida que você começa a praticar com essas ferramentas, é muito provável que às vezes você retorne aos seus velhos hábitos e tome decisões automáticas ou escolha algo que não está em sintonia com o seu Eu Autêntico. Lembre-se de ser gentil consigo mesmo nesses momentos, pois quando você começa a criar um novo Sonho Pessoal, há idas e vindas entre as respostas automáticas e a consciência, entre o amor condicional e o amor incondicional, entre a domesticação e a liberdade. Conforme você aprende a identificar e distanciar-se de suas domesticações e apegos, essa consciência guiará mais prontamente suas decisões. A consciência é a ferramenta para focar sua intenção e interromper o ciclo do automático, e sua prática regular é o que o tornará um Mestre.

A prática do guerreiro contrário

Nos próximos dias, experimente realizar pequenas coisas de uma forma diferente da que faz normalmente. Por exemplo, se você costuma escovar os dentes com a mão esquerda, experimente fazê-lo com a direita. Calce primeiro o sapato oposto, faça um trajeto diferente para o trabalho, sente-se em outro lugar no metrô etc.

Embora pareça simples, a execução diligente deste exercício o ajudará de três maneiras. Primeiro, ao se tornar consciente de todas as pequenas escolhas que você tem ao longo do dia e ao seguir um caminho que é contrário à sua escolha habitual, você treinará sua mente para observar o que está acontecendo no momento presente, ao invés de vagar como normalmente faz quando considera uma escolha "sem importância". Em segundo lugar, ao fazer escolhas diferentes nas pequenas coisas (algumas das quais você pode acabar preferindo à sua escolha normal), você se prepara para responder à pergunta "o que eu realmente quero agora?" quando as escolhas maiores surgirem. Terceiro, ao fazer escolhas diferentes nas pequenas coisas em sua vida e descobrir a variedade de possibilidades, você dá um passo rumo ao desconhecido, ou o único lugar onde a verdadeira transformação pode ocorrer.

Desenvolvendo suas habilidades de consciência

Há muitas coisas acontecendo dentro de você e ao seu redor o tempo todo, mas você não está consciente de grande parte delas porque, como muitas pessoas, está perdido nas histórias que seus narradores estão contando, em vez de estar presente no momento. Não há motivo para se culpar; é simplesmente a condição predominante que existe atualmente no Sonho do Planeta.

Neste exercício, você começará a desenvolver suas habilidades de consciência por meio da observação. Você precisará de um temporizador ou cronômetro para realizar este exercício, pois irá querer fazê-lo por dois a três minutos no início, aumentando gradualmente para de quinze a vinte minutos.

Leia as etapas descritas nos parágrafos a seguir uma ou duas vezes, inicie o cronômetro e execute as etapas do exercício de memória, com base no que você leu. Não se preocupe se não conseguir se lembrar de todas as etapas, pois você ficará melhor a cada vez que executar o exercício.

1. Para começar, sente-se confortavelmente em uma sala silenciosa. Desligue TV, rádio ou qualquer outro aparelho projetado para prender sua atenção. Inicie o cronômetro e feche os olhos.

2. Em seguida, traga conscientemente sua atenção para o momento presente. Você faz isso primeiro reconhecendo a si mesmo que, nos próximos minutos, não precisa pensar no futuro ou no passado. A mente costuma resistir a essa ideia no início, pois adora passar o tempo no passado e no futuro.

3. Enquanto você se concentra em silêncio no momento presente, leve sua consciência aos ouvidos e ao que está acontecendo fora de você. Observe os sons que ouve, como o zumbido da geladeira, o tique-taque de um relógio, o chilrear dos pássaros ao longe e o som da sua própria respiração. Esses são os sons que a mente geralmente não nota, pois os narradores da mente os consideram "sem importância". Se ouvir com atenção, também poderá capturar o silêncio que existe logo atrás desses sons.

4. Concentrado em silêncio no momento presente, ouvindo o que está acontecendo ao seu redor, volte agora a atenção para o seu interior. Sinta seu corpo em todas as regiões, movendo-se para fora de sua cabeça, onde normalmente reside a atenção, e explorando seu corpo do topo da cabeça aos dedos dos pés. Você é muito mais do que apenas sua mente. Observe todas as

regiões de tensão, peso ou desconforto. Traga a atenção para sua respiração. Num período de 24 horas, os seres humanos respiram mais de vinte mil vezes, mas tem dias que não notamos sequer uma dessas respirações. Em seguida, ao inspirar, direcione a respiração para quaisquer áreas de tensão, peso ou desconforto em seu corpo e imagine que, ao expirar, a respiração limpa esses sentimentos negativos. Permaneça nesta consciência presente, com os olhos fechados, renunciando ao passado e ao futuro, ouvindo o seu mundo exterior e sentindo o seu corpo em sua totalidade.

5. Ao longo desse processo, observe quais pensamentos surgem enquanto você permanece no lugar. Não tente lutar ou controlar quaisquer pensamentos, mas quando você perceber que se deixou levar por uma cadeia de pensamentos, simplesmente traga sua atenção de volta para o momento presente, ouça o mundo exterior e sinta todo o seu corpo e respiração. Quando o cronômetro soar, abra os olhos e leve esta experiência da consciência do momento presente para o mundo.

Após o término do exercício, enumere mentalmente os pensamentos que surgiram. Qual foi a categoria predominante? Os pensamentos mais comuns são indicadores das coisas que são importantes para você como pessoa e provavelmente incluem áreas nas quais você usa máscaras ao interagir com o mundo. Exploraremos o conceito de máscaras e a maneira adequada de usá-las no próximo capítulo.

7
Múltiplas máscaras

Você já percebeu que, ao interagir no Sonho do Planeta e com os belos seres que compartilham o seu Sonho, você costuma projetar uma imagem, ou uma identidade, de como deseja que as outras pessoas o vejam no mundo? Essa é uma parte normal de nossa existência e desempenhar um papel dessa forma pode ser uma ferramenta útil enquanto você navega pelo mundo, porque isso torna mais fácil para você se relacionar com os outros e vice-versa. Também é provável que cada uma dessas identidades ou funções que você projeta seja ligeiramente alterada para se adequar a uma situação ou pessoa específica. Por exemplo, a imagem que você projeta enquanto está visitando seus avós é provavelmente muito diferente daquela que você tem quando está com seus amigos mais próximos.

Em nossa tradição tolteca, dizemos que em todas essas interações é como se tivéssemos pegado emprestado certa máscara por um momento, ou uma identidade temporária, para que possamos interagir de uma forma particular. Usar máscaras é o meio de as pessoas definirem as outras e se identificarem com elas com base no conhecimento, papéis ou experiência compartilhados. Embora a máscara seja um símbolo que nos permite compreender uns aos outros, em última análise, é apenas um símbolo cuja definição está sujeita à nossa convenção.

Por exemplo, entre as máscaras que uso estão a de marido, pai, escritor, professor, xamã, corredor e fã de futebol. Outros exemplos de máscaras incluem como nos relacionamos uns com os outros em tópicos de interesse específicos. Se falamos sobre arte, ou ioga, ou história, ou qualquer outro gosto que temos em comum, começamos a nos entender e a nos enxergar através das lentes desse nosso interesse comum, pois promover relações com outras pessoas que compartilham nossas paixões nos permite moldar nossas palavras e seu significado. Quando interagimos, estimulamos a compreensão intelectual e emocional uns dos outros, e interações como essas nos permitem cocriar o Sonho do Planeta.

Como Mestre de Si Mesmo, adoro interagir no Sonho do Planeta e posso usar várias máscaras para ajudar a me relacionar com outras pessoas e cocriar de forma mais eficaz, mas no fundo eu sei que nenhuma dessas máscaras é o meu verdadeiro eu. A máscara é apenas o conhecimento formado pelas convenções que usamos para interagir com a vida, com as pessoas. A máscara é uma identidade. Eu escolho usá-la a fim de facilitar a navegação no Sonho, mas nenhuma delas jamais pode abarcar minha força vital, meu Eu Autêntico. Quando somos domesticados, a máscara esconde quem somos e nós acreditamos que quem somos é a máscara; mas quando você se desfaz de sua domesticação, a máscara não esconde, nem nós escondemos, quem somos. São apenas as convenções que nosso vínculo criou e que moldou a maneira como vemos uns aos outros.

Essa distinção, de que você não é nenhuma das máscaras que usa, é vital, porque quando você acredita que qualquer papel, identidade, carreira, *status* social ou interesse é quem você realmente é, você caiu em outra armadilha, e daí para o sofrimento é um passo. Isso porque esses papéis e identidades só existem no Sonho do Planeta e, como tudo mais no Sonho, estão sujeitos à deterioração e à morte. Por causa disso, um Mestre de Si Mesmo usa a máscara que for com a plena consciência de que se trata apenas de uma máscara, uma identidade temporária para servir a uma função, e prontamente a descarta quando não for mais necessária.

Por exemplo, minha esposa pode precisar que eu seja um marido que lhe dê apoio quando ela tiver um dia difícil, e eu de bom grado lhe ofereço afeto e segurança. Em diferentes ocasiões, meus filhos podem precisar que eu seja um professor, um amigo, um companheiro de brincadeiras e, sim, às vezes até um disciplinador. Estou ciente de que são máscaras que escolhi assumir e, por isso, posso abandoná-las no momento em que não forem mais necessárias. Elas não se tornam uma identidade permanente, e eu não tento me encaixar nas ideias dos meus entes queridos de quem eu deveria ser. Simplesmente entendo o que eles precisam de mim no momento e opto por agir de uma forma que acredito que vá auxiliá-los mais.

Quando você cria uma imagem de si mesmo como trabalhador, aluno, marido, músico, buscador espiritual ou qualquer outro papel e usa essa máscara para se relacionar com os outros, no momento em que você esquece que é uma máscara, sua autoaceitação fica vinculada à aceitação e aprovação dos outros por quão bem você desempenha tal papel. Se você não atender aos padrões que os outros têm para esses papéis, ou os que você estabeleceu para si mesmo, você rejeita a si próprio. Este é outro exemplo de domesticação e autodomesticação em ação, e acontece no momento em que você confunde qualquer máscara que esteja usando com quem você de fato é. Agarrar-se com muita força a uma máscara só leva ao sofrimento.

Outro problema que ocorre quando você se identifica com uma máscara é que muitas vezes você tentará manter essa máscara viva muito tempo depois da necessidade de usá-la desaparecer. Testemunhamos isso em muitas manifestações no Sonho do Planeta, como quando os pais tentam administrar a vida de seus filhos muito depois de eles terem crescido, ou quando alguém continua a basear sua importância em quem foi no passado, os proverbiais "dias de glória". Ambos são exemplos comuns do que acontece quando alguém tenta conservar um papel em particular quando está claro que o tempo para esse papel acabou. Aqueles que continuam a sustentar uma ilusão dessa forma geralmente estão inconscientes de que o estão fazendo, mas toda vez que você acredita em algo que não é mais verdade, o resultado é sempre o mesmo: você está outra vez perdido na névoa.

Isso nos leva a uma questão importante: parte do Domínio de Si Mesmo é ser capaz de se desligar de qualquer identidade que você adquiriu no Sonho do Planeta. Você e todos aqueles que conhece foram domesticados à ideia de que seu nome é fulano de tal, que você é deste ou daquele lugar, que nasceu aqui e cresceu ali, e que gosta destas coisas e não gosta daquelas outras. Trata-se do que eu chamo de primeiras máscaras e, embora certamente representem a verdade em um determinado nível e tenham uma função útil no Sonho do Planeta, todos esses atributos descritivos são somente isso: máscaras; elas não podem abranger a energia consciente, o Eu Autêntico, que você é.

Refiro-me a elas como primeiras máscaras porque você as adquiriu na infância e elas foram projetadas em você por meio da domesticação. Esta é uma parte normal do crescimento no Sonho do Planeta e é algo que vem acontecendo há muito, muito tempo. Essas primeiras máscaras se manifestaram antes mesmo de você nascer, assim que seus pais souberam de sua chegada iminente. À medida que essas máscaras lhe foram oferecidas na infância, você logo as aceitou e as tornou suas, sem se dar conta do que estava fazendo. Você fez isso porque percebeu que todo mundo estava usando uma, e era normal fazer isso em sua sociedade e cultura. Alguns de vocês podem ter usado uma que sabiam ser falsa, forçando a si mesmos a portá-la, para serem aceitos em sua família. Com o passar do tempo, você perdeu o contato com o seu Eu Autêntico, o que significa que se esqueceu de que as máscaras que usava eram apenas máscaras, e começou a acreditar que eram a verdade.

Foi assim que você se embriagou na festa, perdido na fumaça e no nevoeiro. Quando você comete o erro de se ver como esta máscara, então, quem você pensa que é e o que pensa que é confunde-se com a definição da máscara ao invés da experiência do Eu Autêntico. Estar consciente do Eu Autêntico é experimentar a si mesmo como a energia que dá vida à sua mente e corpo, o poder que lhe permitiu criar a máscara, para começo de conversa. Agora, como Mestre de Si Mesmo, você está acordado e sóbrio para a verdade de quem você realmente é. Você não internaliza a identidade ou a história que cada máscara simboliza e, como resultado, você pode retirá-las e deixá-las de lado quando necessário.

Metamorfose

No Sonho do Planeta, a maioria das pessoas que você encontra estão, em algum grau, embriagadas e, como resultado, não conseguem enxergar através da fumaça e da névoa. Consequentemente, elas projetam em você a imagem ou identidade que desejam ver, em vez do que está realmente lá. A identidade que atribuem a você é baseada em sua própria domesticação, apegos e convenções. Como Mestre de Si Mesmo, você reconhece esse fato e isso lhe permite *respeitar a projeção dos outros, especialmente quando é útil fazê-lo*. Trata-se da metamorfose.

Saber que os outros projetam certa máscara em você, mesmo quando você decidiu remover as suas, permite que você metamorfoseie com consciência e compaixão para se adequar a cada situação. Sete bilhões de pessoas o verão de sete bilhões de maneiras, e cada uma dessas máscaras é o entendimento de uma única pessoa sobre quem você é. Sua consciência lhe permite não acreditar em nenhuma das projeções dos outros, porque você não precisa de máscaras para experenciar quem você é. Mas ainda assim respeita a percepção que as pessoas têm de você. Você opta por enxergar cada máscara como um espelho que refletirá diferentes aspectos seus, com os quais você pode ou não aprender. Um metamorfo não tem forma definida porque a vida não tem forma definida. Veja bem, o conhecimento nos cria e nos dá forma; assim, a máscara nos dá forma na percepção do outro.

Por exemplo, retornemos ao caso ilustrativo da avó e do menino de um capítulo anterior. Imagine que o menino cresceu e percebe que a avó o domesticou na questão de que sempre comesse tudo do prato, mesmo quando já não estava mais com fome. Agora que está desperto, ele sabe que o melhor para ele e seu corpo é parar de comer quando estiver satisfeito, e ele rejeita a noção de que "é pecado deixar comida no prato", reconhecendo-a como uma ferramenta da domesticação.

Vai tudo muito bem – até ele ir à casa de sua avó no Dia de Ação de Graças. Como você pode imaginar, ela ainda projeta nele a identidade de seu menininho junto com a domesticação de que ele deve terminar a comida do prato. Por respeitá-la, ele provavelmente não escolherá dizer à sua avó: "Eu rejeito sua domesticação e não vou comer mais do que eu quero". Em vez disso, ele enxerga o amor por trás de sua intenção e, com consciência, pode escolher usar a máscara no Dia de Ação de Graças para o bem dela e terminar toda a comida do prato que ela lhe servir. No entanto, ele também pode escolher alimentar o cachorro debaixo da mesa com o que sobrar da comida, ou descartá-la quando ela não estiver olhando, ou dizer gentilmente: "Não, obrigado, vovó. A refeição estava deliciosa e já estou empanturrado no momento".

Em todas essas respostas, ele está optando por não perturbar o Sonho Pessoal dela porque enxerga a relativa insignificância de terminar sua refeição *versus* não terminar sua refeição, e entra no jogo para o bem dela. Por estar em paz com seu passado, não há necessidade de rebeldia, nem necessidade de domesticá-la para fazê-la ver que ele está certo; seu respeito próprio é expresso por meio de suas ações. Mesmo que ele não consiga impedir que ela projete a máscara nele, ele está consciente de que é sua escolha colocá-la ou não. Como resultado, ele agora está agindo com consciência de sua domesticação passada e das muitas possibilidades que estão disponíveis no momento presente, sem perder de vista seu Eu Autêntico.

Claro, existem outras situações, mais sérias, em que você pode escolher rejeitar a máscara que alguém está tentando fazer você usar. Por exemplo, tenho uma amiga cujo marido, logo depois de se casarem, deixou claro que tinha um conjunto de ideias muito específicas sobre o que significava ser uma "boa esposa". Em suma, ele queria que ela se vestisse de uma certa maneira, não tivesse mais contato com seus antigos amigos e se submetesse ao julgamento dele quando enfrentassem decisões importantes como casal – ela rejeitou todas. Ceder a tais exigências não seria uma metamorfose, mas sim, rejeitar seu Eu Autêntico inteiramente para contentar outra pessoa. Neste caso, minha amiga recusou-se a usar a máscara que seu marido estava tentando lhe impor. Ela não se metamorfosearia por ele, porque isso iria contra sua verdade pessoal. Ela podia ver que o marido estava tentando domesticá-la, e que suas crenças eram baseadas no sistema de domesticação com o qual ele cresceu. No fim, ela decidiu abrir seu coração e compartilhar seu ponto de vista e, felizmente, ele escutou e mudou seu padrão.

Ver os outros pela lente do amor incondicional permite que você tome a melhor decisão no momento sobre se deve ou não usar certa máscara ou se metamorfosear na percepção dos outros. O mais importante é que você esteja atento quando estiverem projetando máscaras em você, porque então você pode fazer uma escolha consciente de que ação irá realizar em cada situação.

Projetando máscaras em outras pessoas

Embora estar consciente das máscaras que os outros projetam em você seja fundamental, é igualmente importante estar ciente de quando você está projetando máscaras nos outros. Quando você projeta identidades ou papéis nos outros, cria um conjunto de expectativas para o comportamento deles, e agora a névoa do amor condicional volta a nublar sua visão. Por meio da projeção dessa máscara, você cria uma identidade para a pessoa em sua mente e, então, julga-a por não desempenhar o papel que você deseja. Se não tiver consciência disso, pode fazê-lo com seus pais, filhos, amigos, colegas de trabalho, ou qualquer pessoa, na verdade.

Às vezes, a projeção pode ser sutil. Isso geralmente acontece quando você supõe que, porque alguém se sente ou se comporta de determinada maneira em uma área da vida, você acha que sabe como essa pessoa se sentirá ou se comportará em outra situação, muitas vezes totalmente não relacionada. Identificar e evitar ocasiões como essas é o que o torna um Mestre de Si Mesmo.

Por exemplo, conheço uma mulher, a quem chamarei de Lisa, que recentemente concluiu a quimioterapia para câncer de mama. Nos dezoito meses em que lidou com a doença, não só cumpriu seu papel de mãe de filhos pequenos, como também concluiu seis maratonas. Ela é mãe. Ela é maratonista. Ela é uma sobrevivente. Ao observar as interações de Lisa com outras pessoas, noto que muitas delas projetam a máscara que desejam ver nela. Eles definem expectativas com base em como acham que ela deve se comportar. Muitos deles a veem apenas como uma sobrevivente e esperam que ela use esse distintivo com orgulho. Quando ela não vive de acordo com seus padrões de como uma sobrevivente do câncer de mama "deveria" agir, eles se sentem ofendidos. Por que ela não usou uma fita rosa durante o mês de outubro? Por que ela não arrecadou fundos para uma instituição de combate ao câncer de mama durante todas as suas corridas? Quando essas mesmas pessoas descobrem que Lisa também é caçadora, muitas vezes não conseguem assimilar suas projeções do papel de mãe, maratonista e sobrevivente do câncer de mama com a de caçadora. Como alguém tão compassiva pode assassinar e devorar animais?

Ao mesmo tempo, algumas pessoas na comunidade de caçadores não compreendem por que Lisa participa de todas essas maratonas, pratica meditação e lê livros para crescimento espiritual. Um terceiro grupo de pessoas, corredores novatos, não sabe nada de suas outras máscaras e simplesmente procuram-na em busca de inspiração e apoio enquanto treinam para sua primeira maratona. Cada grupo projeta nela uma diferente máscara, classificando a totalidade de sua complexa experiência em uma narrativa que eles criaram. Quando ela age de uma forma que não se enquadra em uma questão que lhes é cara, isso pode desencadear uma forte reação emocional. Aconteceu até de algumas pessoas tentarem desacreditar ou envergonhar Lisa, porque levaram suas ações para o lado pessoal e ficaram com raiva ou magoadas por elas. Uma vez que suas condições não foram atendidas, as pessoas não a consideraram mais digna de seu amor. Em defesa da minha amiga, ela não permite que nenhuma das máscaras que usa, nem as máscaras que os outros tentam lhe impor, definam-na.

Lisa demonstra humildade pelo fato de as pessoas procurarem-na em busca de inspiração enquanto batalham contra o câncer ou treinam para maratonas, e mostra compaixão ao lidar com pessoas que podem não concordar com suas escolhas em outras áreas. Ela está vivendo sua própria verdade pessoal de uma forma que beneficiará tanto seu Sonho Pessoal quanto o Sonho do Planeta. As pessoas perguntam como ela conseguia continuar correndo durante a quimioterapia, e sua resposta é simples: "Fiz o melhor que pude em cada momento e nunca deixei que o câncer me definisse".

Como minha amiga está consciente, ela pode usar as máscaras que outras pessoas projetam nela para interagir de uma forma significativa sem prejudicar seu Eu Autêntico. Ela compartilha suas experiências pessoais com o câncer de mama não na tentativa de se definir, mas porque deseja ajudar outras pessoas, transmitindo o que aprendeu. Ao assumir temporariamente a persona da máscara de uma sobrevivente do câncer sem deixar que isso a defina, ela pode remover a máscara quando a interação terminar. Desta forma, ela demonstra que está no controle de suas ações, a marca registrada de um Mestre de Si Mesmo.

Em resumo, uma das maiores tentações que você enfrentará ao navegar no Sonho do Planeta é acreditar que qualquer máscara que você usa é real. Isso é verdadeiro independentemente de outra pessoa projetar ou não a máscara em você, ou se você criou a máscara para si mesmo. Por exemplo, se as coisas estão indo bem em sua vida e você está tendo sucesso no trabalho ou alcançando seus objetivos, seu ego pode querer criar e manter a identidade de alguém "bem-sucedido" ou "realizado". Cobriremos com mais detalhes as armadilhas associadas a isso no próximo capítulo. Por outro lado, quando as coisas não acontecem do seu jeito, o parasita pode gritar tão alto que você fica tentado a usar a máscara de fracassado ou incapaz.

É em todas essas instâncias que sua prática da consciência pode trazê-lo de volta à verdade: o você real, o Eu Autêntico, é muito mais do que qualquer máscara pode retratar. Sempre que você esquecer esta verdade e pensar que certa máscara é real, o sofrimento e a decepção estarão a um passo de distância. O Mestre de Si Mesmo vê a máscara como uma ferramenta e usa a ferramenta de forma eficaz quando é útil fazê-lo. Como não internaliza a identidade associada a máscara nenhuma, ele é capaz de removê-la facilmente e retornar ao seu Eu Autêntico quando a máscara não mais for necessária.

Identificando suas máscaras

As máscaras que usamos nos permitem compreender uns aos outros intelectual, emocional e espiritualmente. De todas as máscaras que as pessoas usam, aquelas das quais temos mais dificuldade para nos separar são as associadas a papéis específicos no Sonho do Planeta. Esses papéis incluem coisas como ser pai, filho, trabalhador, aluno etc. Pense em todos os papéis que você desempenha na vida e liste-os em uma folha de papel. O próprio ato de anotá-los pode ajudá-lo a enxergá-los como papéis em vez de quem você realmente é. Em seguida, examine a lista e responda às seguintes perguntas: há algum papel nesta lista que você gostaria de descartar ou alterar? Que etapas você pode seguir para fazer isso?

Quem sou eu?

Em quase todas as tradições espirituais, uma das perguntas mais importantes a se fazer é a seguinte: quem sou eu? Na tradição tolteca, muitas vezes respondemos com "o Eu Autêntico" porque é um símbolo que chega o mais perto possível de descrever a verdade. Mas até mesmo essa resposta está incompleta, porque a verdade elementar sobre "quem você é" é maior do que pode ser expressa em palavras.

Agora que você sabe que nenhuma das máscaras que usa ou os papéis que desempenha são você de verdade, dedique alguns minutos e volte sua atenção para seu interior. Pergunte a si mesmo: "quem sou eu?", e veja se consegue encontrar dentro de você a resposta... aquela que não pode ser expressa em palavras.

Ao concluir nosso capítulo sobre máscaras, vamos nos recordar de um ensinamento fundamental apresentado anteriormente neste livro: o mundo à nossa volta é virtual; é tudo um sonho. E na tradição tolteca da minha família, nós com certeza insistimos em criar experiências agradáveis no Sonho. Em outras palavras, gostamos de nos divertir! Fazê-lo geralmente envolve estabelecer metas para criar algo belo ou realizar algo especial, mas como você verá no próximo capítulo sobre definição de objetivos, é importante que façamos isso com consciência. Do contrário, podemos rapidamente transformar nosso Sonho Pessoal num pesadelo. Estabelecer metas positivas para nós mesmos nos ajudará a interagir de maneira significativa e amorosa com os outros e com o planeta, e a criar o tipo de vida que desejamos.

8

Definição de objetivos

Definir objetivos, trabalhar para buscá-los e alcançá-los são outra bela maneira de interagir no Sonho do Planeta. Fazê-lo permite que você aprenda e experimente coisas novas, ultrapasse seus limites normais, e pode lhe dar um sentimento positivo de realização à medida que você manifesta sua intenção criativa por meio da aplicação de sua vontade.

Ao mesmo tempo, a prática de definir e alcançar seus objetivos também pode ser uma armadilha para puxá-lo de volta para a névoa. Isso porque no atual Sonho do Planeta há uma crença amplamente difundida de que a melhor maneira de atingir seus objetivos é punir-se, censurar-se ou usar alguma outra forma de autorreprovação para se forçar a chegar onde deseja. Como resultado, muitas pessoas acham que a melhor maneira de ter sucesso em algo é empregar o icônico personagem do sargento-instrutor em sua mente, que o pressiona com um diálogo interno negativo para "ser tudo o que você pode ser". Sob esta perspectiva, não é de admirar que muitos de nós tenhamos sido domesticados à ideia de que esse tipo de autoflagelação é o único, e até mesmo o mais desejável meio de motivação para conseguir o que queremos. Essa motivação cria uma obsessão por um resultado final a fim de que não mais sintamos a dor da espora de nossa própria rejeição.

Uma forma comum de aplicação desse método é na área da imagem corporal. Por exemplo, se você se olhar no espelho e resolver que não gosta de sua aparência em algum aspecto – talvez você pense que está acima do peso, fora de forma etc. –, o parasita aproveitará esta oportunidade e se manifestará, julgando seu belo corpo atual como insuficiente. A partir deste ponto, se você estabelecer o objetivo de perder um certo número de quilos ou mudar sua aparência de alguma forma, como você está se propondo a isso de acordo com os julgamentos do parasita, implícita nesse compromisso está a condição de que você só amará e aceitará a si mesmo quando, e se, você atingir esse objetivo. O processo acontece tão rápido que sem consciência você nem percebe que caiu em uma armadilha. É claro que essa prática de definir objetivos por meio do amor condicional não se limita à imagem corporal. Assim que você tem um apego ao resultado de seus esforços, você se submete ao amor condicional. Isso pode acontecer em qualquer área de sua vida.

Os problemas com esse tipo de abordagem são inúmeros. Em primeiro lugar, sempre que você usa o diálogo interno negativo como meio de atingir seus objetivos, está deixando implícito que, em sua condição atual, não é bom o suficiente. Isso é um convite para a voz do parasita se manifestar e assumir o controle de sua mente, desta vez sob o pretexto de que está apenas tentando "ajudá-lo". Este é mais um exemplo de como o parasita pode ser sorrateiro, combinando sua conversa negativa com uma recompensa condicional. Mas, como vimos nos capítulos anteriores, os métodos do parasita sempre trazem consequências adversas.

Em segundo lugar, esforçar-se para atingir seus objetivos por meio do diálogo interno negativo deixa pouco espaço para a autoaceitação e o amor por si próprio se você não alcançar seu objetivo, predispondo-o a mais repreensões internas no futuro. Esta é a razão pela qual não atingir um objetivo pode fazê-lo sentir-se pior do que antes. Sempre que você usa a voz do parasita para motivá-lo, qualquer falha em atingir esse objetivo apenas fornece ao parasita mais material com o qual repreendê-lo. Se isso ocorrer regularmente, o resultado é que você se tornará menos propenso a definir objetivos ou até mesmo sujeito a parar de defini-los por completo, porque em um nível subconsciente você está realmente com medo do que o seu parasita lhe dirá se você não atingir seu objetivo. Sempre que você para de definir objetivos com base no medo do fracasso, é porque o parasita o repreendeu tanto no passado que você não quer mais passar por aquela experiência. Você prefere não tentar enfrentar o medo de falhar e ouvir o julgamento de seu parasita mais uma vez.

Além disso, sempre que você julgar a si próprio por não cumprir um objetivo específico, você também abre uma brecha para ser julgado pelos outros porque já concordou implicitamente com o julgamento. É também desta forma que a grande maioria das pessoas interage consigo mesmas e com os outros, impondo objetivos e expectativas umas às outras e submetendo-se a julgamentos se tais objetivos não forem alcançados. Este método de definição de objetivos é uma das principais maneiras pelas quais a ilusão de amor condicional se espalha por todo o Sonho do Planeta. Assim, você retornou ao drama da festa e está novamente preso ao ciclo da domesticação e da autodomesticação.

Verdade seja dita, a razão pela qual definir objetivos dessa forma constitui uma armadilha tão eficaz é porque às vezes parece funcionar. A voz de seu juiz interno pode ser um poderoso motivador e faz uso de ferramentas como culpa, vergonha, inveja e uma série de outras emoções negativas para forçá-lo a agir. Mas, mesmo quando esse diálogo interno negativo parece funcionar, o sucesso dura pouco. Isso porque, quando um objetivo é alcançado empregando seu parasita como seu motivador, não importa o que você realize, o parasita nunca fica satisfeito por muito tempo e sempre elevará o padrão, tornando temporária, na melhor das hipóteses, qualquer autoaceitação por meio de realizações obtidas dessa forma. É por isso que dizemos na tradição tolteca que se você está esperando para ser amado e aceito no futuro, então você não está se amando e se aceitando no presente.

Ao vincular seu amor por si próprio e autoaceitação a um objetivo, sua felicidade fica vinculada à realização de tal objetivo. Quando você o atinge, sua autoestima aumenta temporariamente; quando não atinge, você se menospreza. Isso é usar a definição de objetivos como uma ferramenta para a autodomesticação, já que você escolheu amar a si mesmo condicionalmente com base no sucesso ou fracasso em alcançar esse objetivo. Agora, a expectativa do que "deveria ser" o controla. O processo é o seguinte:

1. Você decide que a pessoa que você é não é suficiente, então, define um objetivo para alcançar algo.

2. Assim, implicitamente, você sela um compromisso consigo mesmo de que só será digno de seu próprio amor se o objetivo for alcançado.

3. Se você não atingir o objetivo, você se julga conforme o resultado negativo. Se atingir, seu juiz interior eleva a meta.

Essa é a armadilha que o Mestre de Si Mesmo evita, e a maneira de fazê-lo é amar a si mesmo incondicionalmente, e enxergando que você já é perfeito neste momento e não há objetivo que você precise alcançar para ser digno do seu próprio amor.

Buscando as origens e observando suas manifestações

Em algum momento de sua infância, você definiu o objetivo de ficar melhor em uma coisa ou outra. Talvez fosse certa matéria na escola, um jogo no parquinho, um instrumento ou outra atividade. Você logo percebeu que, treinando ou praticando, você de fato ficava melhor, porque concentrava sua intenção em uma possibilidade. Tal processo é maravilhoso e lhe proporcionou a satisfação de criar algo no Sonho do Planeta.

Mas também chegou um ponto nesse processo em que você foi apresentado à ideia de usar a autoflagelação e a autorreprovação como meio de atingir um objetivo. Foi-lhe apresentada a ideia de que você precisava se forçar a atingir seu objetivo e que seus resultados seriam melhores se o fizesse. Você consegue se lembrar quando isso ocorreu? Para a maioria das pessoas, isso aconteceu em tão tenra idade que é impossível precisar, mas, em retrospectiva, esse foi o momento em que executar uma ação apenas pela ação, porque você gostou de fazê-lo, não era mais suficiente. Seu amor por si próprio e a autoaceitação ficaram vinculados ao resultado ou conquista. Medo e consequência foram adicionados à mistura; ou seja, o medo de que se você não atingisse o objetivo, a consequência seria que você não seria digno de seu amor por você mesmo ou do amor dos outros. O momento em que o medo entrou em cena foi também o momento em que alcançar um objetivo tornou-se uma ferramenta para a domesticação, e, não demorou muito, você pegou esse medo e se autodomesticou. Vejamos um exemplo simples que muitos de nós já vivenciamos.

Quando você aprendeu a andar de bicicleta, possivelmente o fez porque era divertido, proporcionava-lhe uma sensação de realização e permitia que você fizesse algo que outras crianças estavam fazendo. Mais tarde, você passou a fazer outras coisas e provavelmente não deu mais muita importância ao ciclismo. Mas, para fins de exploração, vamos imaginar por um momento que você se apegou à ideia de que "Eu preciso ser o melhor ciclista" e "Eu só sou digno de minha própria aceitação e do amor por mim mesmo se for o melhor ciclista". A menos que calhe de você ser um ciclista profissional, essa ideia provavelmente parece boba, não é? Você consegue enxergar o absurdo que é condicionar o amor por si próprio e autoaceitação à sua habilidade de andar de bicicleta, mas, ainda assim, muitas pessoas fazem isso quando se trata de atingir um objetivo envolvendo outras coisas – um trabalho, um *hobby*, a imagem corporal, o papel na família, ou mesmo o progresso no caminho espiritual. É dessa forma que algo que começou como uma fonte de diversão e emoção pode mais tarde tornar-se uma ferramenta para a autodomesticação.

A autodomesticação por meio da definição de objetivos pode ser muito sutil, e reconhecê-la em todas as suas formas é o que o torna um mestre. Você pode pensar em estabelecer objetivos apenas em relação a tarefas cotidianas definíveis, mas as implicações desse tipo de pensamento vão muito além disso. Por exemplo, quais objetivos você acha que precisa alcançar ou obter para ser feliz na vida ou se sentir completo? Você precisa se sentir amado por uma pessoa específica? Precisa ganhar uma certa quantia de dinheiro? Precisa de um determinado nível de elogios, reconhecimento ou posição social em sua comunidade? Você acha que precisa alcançar um grande *insight* espiritual? Precisa que seu corpo tenha uma determinada aparência? Todas essas medidas são subjetivas e possuem apenas o significado que você atribui a elas. Mas o que elas têm em comum é que, se você condiciona sua felicidade à obtenção de qualquer uma delas, também as transforma em ferramentas para a autodomesticação.

Como Mestre de Si Mesmo, a saída é lembrar a si próprio que você é perfeito neste momento e não precisa fazer ou realizar nada para ser completo. Não há problema algum em querer conquistar metas no Sonho do Planeta, para ver quais são seus pontos fortes e o que você é capaz de fazer; mas, como Mestre de Si Mesmo, sua prioridade é amar a si próprio incondicionalmente durante todo o processo de lutar para alcançar qualquer que seja o objetivo que você tenha definido para si próprio.

Definindo objetivos com amor incondicional por si próprio

Esse pode ser um dos hábitos mais difíceis de mudar, já que a maioria das pessoas foi domesticada de forma tão severa e sutil à ideia de que o diálogo interno negativo é necessário para atingir objetivos que nunca havia considerado outra alternativa – definir objetivos partindo do amor incondicional a si próprio. Mas fazer isso pode mudar radicalmente o seu Sonho Pessoal e como você interage com os outros no Sonho do Planeta.

Quando você pensa em algo que deseja realizar ou em algum objetivo que quer alcançar, o primeiro passo é lembrar a si mesmo que isso é algo que você deseja fazer. Você sabe que, na verdade, não há lugar para ir, nada para fazer ou alcançar, porque qualquer busca da perfeição fora de você é, na verdade, um movimento que se distancia da perfeição. Além disso, você se lembra de que o mundo ao seu redor é um sonho e que você é simultaneamente criador e criado nesse sonho.

Partindo desta condição de consciência e amor incondicional a si próprio, você reconhece que em seu Sonho Pessoal há algo que você deseja criar, mudar ou alcançar. Esse é apenas você participando do sonho pelo simples prazer de fazê-lo. Não é um esforço para consertar a si próprio ou se amar condicionalmente. Definir objetivos neste contexto é um processo belo e natural, e a metodologia que você emprega para realizar esses objetivos advêm do conhecimento de sua perfeição. Agora, você está iniciando o processo de definição de objetivos a partir do amor incondicional a si próprio, em vez de medo, vergonha ou dúvida. Qualquer mudança que você queira implementar ou objetivo que deseje alcançar é levado a cabo porque você realmente quer fazer isso, não por causa de um sentimento de inadequação ou de não ser suficiente. Você não está mudando por causa de sua domesticação passada ou apego atual, mas sim para se aprimorar e evoluir dentro do sonho com algo que você ama fazer.

Um benefício maravilhoso de definir objetivos dessa maneira é que, quando você tem amor incondicional por si próprio durante todo o processo, descobrirá que uma autoconfiança natural cresce em seu íntimo à medida que você avança no caminho em direção à realização de seu objetivo. Esse é um tipo de sentimento muito diferente quando comparado a agir pressionado pelo medo, quando você se esforça para melhorar porque tem medo de fracassar. Esforçar-se para realizar um objetivo partindo do medo ou da carência cria um Sonho Pessoal toldado pela negatividade.

Quando sua confiança parte do amor por si próprio, você encontra força no conhecimento de que pode atuar da melhor forma possível e aproveitar o momento, independentemente do resultado. Como o seu amor por si próprio não é baseado em nenhum resultado particular, é de fato esse amor pela vida que é a verdadeira fonte de motivação para se esforçar ao máximo. Como consequência, agora você está no controle de cada escolha que fizer ao longo do caminho. Você está aberto para alterar o objetivo se uma mudança se fizer necessária e, como não está julgando a si próprio, quando outras pessoas julgam seu progresso ou suas habilidades, você sabe que isso é um reflexo do sonho delas, não do seu.

Para ser claro, isso não significa que todos os objetivos que você deseja alcançar virão facilmente; de fato, eles podem exigir muito trabalho duro! A diferença é que, ao definir objetivos partindo do amor incondicional por si próprio, em vez de medo e autoflagelação, é mais provável que você produza uma mudança real e duradoura, e também se divirta no processo de lutar para alcançar o seu objetivo. Para explicar isso melhor, gostaria de compartilhar com você um exemplo da minha própria vida.

Alguns anos atrás, olhei-me no espelho e disse: "Miguel, você é perfeito. Eu o amo exatamente como você é e quero que goze de mais saúde e aproveite a vida, então, você vai voltar a correr".

Nos anos anteriores, eu corria com bastante regularidade, mas já há algum tempo eu não o fazia. Sempre gostei de correr e nunca tinha sido assim tão difícil, por isso, presumi que poderia alcançar meu antigo potencial novamente com facilidade. Então, tirei a poeira dos meus antigos tênis e fui correr. Minha meta era correr oito qilômetros, mas só consegui cumprir cerca de um quilômetro antes de ter que parar. Eu podia sentir meu coração batendo forte e fiquei surpreso com minha respiração pesada.

Para aqueles que estão lendo com atenção, uma palavra no último parágrafo mostra o momento exato em que comecei a trilhar um caminho perigoso. Eu *presumi* que conseguiria correr facilmente oito quilômetros depois de uma pausa tão longa e, claro, eu não poderia simplesmente calçar meus antigos tênis de corrida e atingir esse objetivo. Ao fazer essa suposição, estabeleci uma expectativa sobre mim mesmo, defini um objetivo que não era alcançável. Quando parei de correr depois de percorrer cerca de um quilômetro, o autojulgamento imediatamente inundou minha mente quando a voz do parasita gritou: "Miguel, você é um vagabundo preguiçoso". Ao ouvir isso, minha consciência retornou e percebi que os velhos hábitos da autodomesticação tentavam recuperar o controle.

Naquele momento, eu tinha uma escolha: poderia me repreender e me julgar, ou poderia me lembrar que aquele era apenas o meu ponto de partida e que, como Mestre de Mim Mesmo, eu me amarei incondicionalmente durante todo o processo. "Seja gentil consigo mesmo, Miguel. É aqui que você está hoje, essa é a minha verdade neste momento."

Minha meta, com a prática, era conseguir correr oito quilômetros sem parar até o fim de maio. Era janeiro. Comecei então minha rotina de corrida e, como todo pai e marido ocupado, houve muitos dias em que não pude correr, ou não fazê-lo como havia planejado. Mas não me repreendi por nada disso e continuei a amar e a encorajar a mim mesmo durante o processo. Em determinados dias, foi preciso cada grama da minha força de vontade para sair para uma corrida, mas tenho a satisfação de contar que antes do fim de abril eu atingi minha meta. Embora eu tenha ficado feliz quando isso aconteceu, minha autoaceitação ou amor por mim próprio não dependiam disso. Correr me trazia uma sensação boa, então, continuei. Dois anos depois, terminei minha segunda maratona e atualmente estou treinando para a terceira. Tenho aprimorado essa minha atividade com dedicação, enquanto ainda equilibro tudo o que a vida me apresenta.

O que quero dizer é o seguinte: quando você usa o amor incondicional por si próprio como ponto de partida ao definir qualquer objetivo, você permanece consciente de que a perfeição não está ligada ao resultado final, mas sim à realidade do momento presente. Você era perfeito no início e é perfeito agora; você é perfeito do começo ao fim. Você está consciente o tempo todo de que o resultado final não o definirá. É por meio da prática da consciência que você pode enxergar a perfeição que existe em você, o que também permite que você enxergue a perfeição no mundo ao seu redor e em cada ser nele.

Grounding e mantra

Quando você começar a se libertar de velhos hábitos e antigas formas de pensar, provavelmente descobrirá que tanto a domesticação quanto o amor por si próprio estão presentes simultaneamente. Em outras palavras, você pode concentrar sua intenção na definição de objetivos partindo do amor incondicional por si próprio, mas ainda ouvir a voz do parasita tentando pressioná-lo por meio do diálogo interno negativo ao fazê-lo. Muitas vezes, o simples ato de estar consciente da presença do parasita irá silenciá-lo, mas aqui está uma prática para centrá-lo novamente quando o parasita persistir.

Enquanto você trabalha para atingir um objetivo que estabeleceu para si mesmo e ouve a voz do parasita tentando censurá-lo ou introduzir dúvidas em sua mente, o primeiro passo é fazer uma pausa no que está fazendo e buscar o seu interior. Traga sua atenção para a respiração, focalizando o processo vivificante que move o ar para dentro e para fora do seu corpo. Em seguida, sinta seus pés firmemente plantados no chão abaixo de você. Com sua percepção mental, imagine como você está conectado a tudo na vida por meio da respiração e do solo abaixo de você. Observe detidamente seu corpo da cabeça aos pés, pois isso retira o foco concentrado apenas na cabeça e o lembra de como é estar em seu corpo. Você é muito mais do que a voz em sua cabeça. Então, lembre-se de que você está executando essa ação específica porque assim o deseja. Você já é perfeito, e entrega a si próprio ao resultado. Repita a seguinte declaração indefinidamente até que o aliado recupere o controle de sua mente:

Eu, _____, sou perfeito e completo neste momento, eu amo a mim mesmo não importam as circunstâncias.

Visualização

Na tradição tolteca, reconhecemos que a mente é uma ferramenta poderosa para ajudá-lo a atingir seus objetivos. Aqui está um exercício que pode ajudá-lo a aproveitar o poder de sua mente e concentrar sua intenção em criar o que deseja. Realize este exercício diariamente, de preferência pela manhã, enquanto se empenha para alcançar um objetivo.

Encontre um lugar tranquilo para permanecer sentado por alguns minutos. Feche os olhos e, conscientemente, transmita amor incondicional a si mesmo. Sinta gratidão por estar vivo no momento presente. Sinta gratidão pelo seu corpo e mente, pois são eles que permitem que você vivencie o Sonho do Planeta. Em seguida, volte seus pensamentos para o objetivo que está procurando alcançar. Visualize-se atingindo esse objetivo e concentre-se no sentimento de gratidão por tê-lo feito. A chave aqui é sentir gratidão como se o objetivo já tivesse sido alcançado, pois isso torna essa experiência real em sua mente. Depois de alguns minutos focando sua intenção na gratidão por já ter alcançado seu objetivo, traga sua consciência de volta ao momento presente. Abra os olhos, vá à luta e aprecie o processo da busca para alcançar seu objetivo.

Definir objetivos com consciência pode ser uma ferramenta útil para criar e cocriar no Sonho do Planeta, e lembrar-se de amar a si mesmo, independentemente do resultado, é a chave para desfrutar de todo o processo. Claro, haverá momentos em que outro ser humano se colocará no caminho entre você e a concretização de seu objetivo. A questão agora é a seguinte: como você reagirá, então? Esse é o assunto do nosso próximo capítulo.

9

Comparação e competição

Ao chegarmos às lições finais deste livro, voltemos por um momento à analogia do futebol. Mas, desta vez, em vez de ser um torcedor que assiste ao jogo com um grau variado de apego ao resultado, imagine que você é um dos jogadores em campo.

Como jogador, seu objetivo é vencer o jogo, e você pode escolher que recursos usará para motivá-lo a alcançar esse objetivo. Se você for motivado pela voz de seu parasita, retrocederá à autorreprovação e à autoflagelação, estado em que o único meio pelo qual você se amará e se aceitará é se vencer. Se aplicar os passos descritos no capítulo anterior, você pode amar a si mesmo incondicionalmente durante todo o processo, desfrutando da partida só de jogá-la, independentemente do resultado.

Mas há uma grande diferença entre definir um objetivo que envolve apenas você (digamos, correr oito quilômetros) *versus* um objetivo que envolve outras pessoas (vencer uma partida de futebol). Neste último caso, você terá um oponente que está no caminho entre você e seu objetivo. Trata-se de uma competição, e a questão que se coloca é: como você irá encarar seu oponente ao longo do processo? Vai amá-lo incondicionalmente? Consegue enxergá-lo como outra manifestação do Eu Autêntico? Ou você irá demonizá-lo, vê-lo como um inimigo que deve ser derrotado a todo custo? Como você irá se comportar em relação ao seu oponente se você perder?

Essas questões são importantes porque, em nossa sociedade, a vida é muitas vezes retratada como uma competição. Se olhar à sua volta, uma difundida mensagem que é transmitida por meio de filmes, TV, livros e, principalmente, da propaganda em todas os seus formatos, é que todas as coisas que você deseja na vida têm uma "oferta limitada", seja amor, felicidade, amizade, um emprego ou carreira, beleza, dinheiro ou bens materiais; e por causa dessa oferta limitada é melhor você fazer tudo que estiver ao seu alcance para adquirir a sua parte antes que alguém o faça. Essa ideia, muitas vezes denominada em termos econômicos como "escassez", produz uma atmosfera não tão sutil de comparação e competição entre você e muitas das pessoas que você conhece.

Essa noção de escassez, e a subsequente mentalidade competitiva, é tão predominante que é difícil identificá-la em todas as suas formas. Por exemplo, quando você conhece alguém, observe se você começa a se comparar com ele ou ela com base nas coisas que são importantes para você como indivíduo. Você avalia a aparência física da outra pessoa, comparando-a com a sua? Você estima sua riqueza material, nível de educação ou posição social e as confronta com suas próprias conquistas? Ou talvez você questione se a pessoa é "mais espiritualizada" do que você. As formas de comparação diferem dependendo do que é importante para você, mas o ato de comparar quase sempre leva à competição, mesmo que tal competição resida apenas em sua mente. O velho ditado diz que "a grama do vizinho é sempre mais verde" e querer para si o mesmo padrão do vizinho, nem que seja apenas

nas aparências, confirma essa mentalidade comparativa e competitiva. É um hábito, e é preciso consciência e esforço para se libertar dele.

Vale ressaltar que, no inglês, as quatro primeiras letras da palavra escassez (*scarcity*) são também as quatro primeiras letras da palavra susto (*scare*), pois medo é exatamente o que a ideia de escassez provoca. Temendo que não haja o suficiente do que quer que desejem, as pessoas veem os outros no Sonho do Planeta como competidores por uma quantidade limitada de recursos, seja amor, felicidade, dinheiro etc., e reagem de acordo. Conforme você aprendeu, qualquer ação motivada pelo medo não pode também ser motivada pelo amor incondicional e, no fim das contas, conduz ao sofrimento de uma forma ou de outra. Quando você aceita o conceito de escassez sem questionar, o resultado é que você acredita que outra pessoa pode obter algo de que você precisa. É muito complicado interagir com os outros no Sonho do Planeta a partir desse estado inicial, pois ao fazer isso você os transforma em adversários em vez de amigos.

Na tradição tolteca, entendemos que a ideia de escassez, como é mais frequentemente divulgada no Sonho do Planeta, é um mito. Desde cedo, você é domesticado à falsa crença de que a escassez existe, mas a verdade é que sempre há o suficiente daquilo que você necessita neste momento. Quando você acredita no mito da escassez, o resultado é que você sente medo, vê os outros como concorrentes e, assim, perde-se mais uma vez no nevoeiro.

Note que eu não disse que sempre haveria o suficiente do que quer que você *deseje* no momento, mas sim do que você *necessita*. Existe aí uma grande diferença. Você pode ter muitos desejos ou preferências no mundo que não se concretizam quando você gostaria, mas um Mestre de Si Mesmo sabe que a vida sempre fornecerá exatamente o que é *necessário* no momento. Isso não é apenas uma teoria; na verdade, você pode tirar a prova para si mesmo neste exato instante.

Reserve um momento para pensar sobre seu passado e identifique algumas situações significativas nas quais, na época, você não conseguiu o que pensava que desejava. Por exemplo, você queria uma promoção ou um novo emprego, mas não conseguiu? Você desejava ter um relacionamento íntimo com alguém que, no fim das contas, não sentia o mesmo por você? Em cada situação que você identifica em sua própria vida, o que aconteceu em vez disso?

Por exemplo, tenho um amigo que vivenciou de maneira profunda essa verdade há alguns anos. Ele e sua esposa estavam chegando aos dez anos de casados quando ela anunciou que não estava mais apaixonada por ele e pediu o divórcio. Meu amigo ficou devastado. Ele pediu, implorou e fez tudo ao seu alcance para convencer sua esposa a manter o casamento, mas em vão. Quando ela foi embora, ele mergulhou em uma profunda depressão e estava convencido de que o divórcio era a pior coisa que poderia lhe acontecer.

Mas, então, ele iniciou um trabalho interior para recuperar o equilíbrio. Como resultado, começou a olhar para dentro de si e se libertar da ideia de que sabia mais do que a vida. Aos poucos, ele se abriu para a ideia de que o divórcio, embora não fosse o que ele desejava, era, em vez disso, o que ele necessitava. Depois de mais ou menos um ano fazendo um trabalho interior, ele foi capaz de superar seu passado, curar as feridas que estavam lá antes mesmo do divórcio, e começou a sair novamente e conhecer pessoas. Pouco tempo depois, encontrou o amor de sua vida, e eles logo se casaram e agora têm três lindos filhos. O que é particularmente notável nessa história é que a primeira esposa do meu amigo não queria filhos e, embora meu amigo quisesse, ele estava disposto a desistir desse sonho para ficar com ela. Em retrospecto, ele é muito grato à sua primeira esposa por deixá-lo, pois, caso contrário, ele não teria seus preciosos filhos e o gratificante relacionamento que agora desfruta com sua atual esposa.

Como a experiência do meu amigo demonstra, às vezes, é preciso haver uma certa distância entre você e o evento antes que você possa enxergar a verdade desse ensinamento; mas se você observar atentamente as situações em seu passado em que não conseguiu o que desejava você provavelmente descobrirá que obteve exatamente o que necessitava. Mesmo quando os resultados finais de uma situação não mostram isso com tanta clareza quanto no caso do meu amigo, um Mestre de Si Mesmo encontra a força interior para abraçar esse princípio com o coração aberto.

Quando você vive a vida partindo de uma mentalidade de confiança em vez de um estado de medo, o resultado é que você para de tentar forçar ou controlar as pessoas e situações que estão acontecendo ao seu redor e, em vez disso, entrega-se ao que quer que a vida traga. Isso não significa que você não tente mudar as coisas quando estiver ao seu alcance fazê-lo, mas, como um Mestre de Si Mesmo, você é apto a identificar as situações que estão além do seu controle e, nesses casos, você confia e se entrega ao que quer que o momento presente, porque você sabe que receberá exatamente aquilo de que necessita. Pelo fato de você não acreditar mais no conceito de escassez, você sabe que competição e adversários cabem apenas nos jogos, não na vida cotidiana. Você não mais compara si mesmo aos outros, não os encara como concorrentes. Você simplesmente dá o seu melhor, e sua dedicação ficará evidente em seus esforços. Sucesso é a consequência natural de fazer algo que você gosta de fazer.

Intimamente relacionada ao conceito de escassez está uma ideia que já discutimos exaustivamente: a noção de que de alguma forma você é falho, imperfeito, indigno ou, na melhor das hipóteses, simplesmente "insuficiente". Eu trago mais uma vez esse assunto à baila porque as ideias de escassez e de que você é "insuficiente" na verdade trabalham de mãos dadas para mantê-lo preso no nevoeiro. Pense nisso por um momento. Se a pessoa que você é é falha, imperfeita ou insuficiente, então, é improvável que você consiga obter as coisas de que necessita porque elas supostamente são limitadas. A combinação dessas inverdades cria um ambiente no qual o amor condicional prospera por meio da comparação e da competição, e o resultado é o medo de que você nunca será suficiente, e nunca terá o suficiente.

A ideia de você ser insuficiente vem de longa data, já que tem sido postulada em mitos e lendas desde o início da história registrada. (A história do Jardim do Éden e do Pecado Original são bons exemplos.) Acho impressionante a quantidade de pessoas no Sonho do Planeta que foram domesticadas acreditando que têm algum tipo de deficiência interna inerente, e é essa crença que o parasita usa para dominar sua mente.

De todas as falsas ideias às quais você foi domesticado, aquela que dita que você é insuficiente pode ser a mais prejudicial, então, deixe-me ser absolutamente claro a respeito dessa questão: você é mais do que suficiente. Você é perfeito e completo exatamente como é. Você não é falho, imperfeito, defeituoso ou irredimível. Muito do sofrimento que você experimenta é autoinfligido, e começou no passado, a partir do momento em que você acreditou nessas inverdades. Esse sentimento de não merecimento é a principal razão pela qual você nega amor incondicional por si próprio. A coisa mais eficaz que você pode fazer para provocar mudanças em sua vida é abandonar de vez essa noção errada. Uma vez que essa falsa crença é substituída por amor a si próprio e autoaceitação incondicionais, o mito da escassez desmorona, e a comparação e a competição com os outros, consequentemente, cessam.

A perfeição é algo que é completamente livre de defeitos. Mas o fato é que somos nós que definimos o que é defeito de acordo com nossas convenções. Não existe essa coisa de defeito no mundo, apenas nas convenções que assumimos no Sonho do Planeta, e isso é uma ilusão. Assim, tudo na vida é perfeito.

Comparação e referências de vida

Quando éramos crianças, todos nós tínhamos referências de vida, ou pessoas que admirávamos e queríamos espelhá-las. Em muitos casos, nossas primeiras referências foram nossos pais ou principais responsáveis, e isso deu lugar a irmãos, professores, figuras do esporte, super-heróis e até amigos. À medida que crescíamos, nossas referências muitas vezes se ampliavam para incluir artistas, intelectuais, humanitários, líderes políticos ou guais espirituais. Qualquer que seja o caso, vimos qualidades nessas pessoas que desejávamos em nós mesmos e, como resultado, muitas vezes nos esforçamos para imitá-las. Esta é uma forma maravilhosa pela qual qualidades admiráveis são passadas de um Sonho Pessoal para outro.

E, no entanto, como muitas outras coisas que discutimos neste livro, algo que pode ser usado de forma positiva também pode se tornar algo negativo. Neste caso, você pode começar a se comparar à sua referência e usar o exemplo positivo dela como uma ferramenta para censurar ou punir a si mesmo por não ser mais parecido com ela. Você impõe condições ao seu amor por si próprio com base no desejo de ser como outra pessoa.

Por exemplo, digamos que uma de suas referências de vida seja Madre Teresa, a famosa freira católica do século XX que se mudou da Europa para a Índia aos 18 anos, fundou uma ordem religiosa e dedicou o restante de sua vida a ajudar os pobres e os doentes. Há muitas razões para admirar e imitar essa mulher especial: seus atos de amor incondicional, tolerância, caridade e altruísmo, só para citar alguns. No entanto, sem consciência, você também pode começar a usar o exemplo dela para julgar a si próprio como incapaz, dizendo algo do tipo: "Não estou ajudando muita gente" ou "Não sou uma pessoa tão boa quanto Madre Teresa". No minuto em que fizer isso, em vez de olhar para as qualidades que ela exibe como inspiradoras, você deu início ao processo doentio de se comparar a ela, e usar essa comparação como uma razão para agir contra si mesmo. Desta forma, o parasita deslizou sorrateiramente de volta e recuperou o controle de sua mente.

Pense no absurdo disso por um instante. Esta é a última coisa que Madre Teresa, ou qualquer outra referência de vida verdadeiramente positiva, desejaria para você. Quando você se pega comparando sua vida com a de uma referência sua e depois censurando a si mesmo por não ser mais parecido com ela, esse é um indício de que a névoa retornou e nublou a sua visão. Em vez de se comparar com os outros e concluir que você é insuficiente, use o exemplo de suas referências como motivação para concretizar as qualidades que você admira nelas em sua própria vida cotidiana.

Citando um caso meu, eu tenho um grande amigo que está perto de se classificar para a Maratona de Boston, já que ele consegue correr 42,5 quilômetros em 3h30. Eu o admiro como corredor e como um grande ser humano, mas, no momento em que começo a me comparar a ele e seus resultados, estou mais uma vez domesticando a mim mesmo com as conquistas de outra pessoa e me abandonando no processo. Em vez disso, celebro o sucesso dele tanto quanto celebro o meu próprio. Eu completo uma maratona em 5h57, e comemoro o fato de tê-la concluído. Em vez de comparar o meu tempo com o dele, presto atenção em tudo que conquistei, no quanto gostei de realizar tudo isso.

Tal atitude me permite desfrutar de minha própria capacidade, aproveitar a oportunidade que tenho de fazer algo que amo fazer e desenvolver minhas habilidades com minha dedicação. Vou aprender com o meu amigo, e muitos outros corredores, e apreciar nossa camaradagem.

Outra armadilha ocorre quando você acredita erroneamente que uma única referência de vida ou professor seu possui todas as respostas que você busca. Uma situação como essa se dá com frequência em um caminho espiritual, especialmente quando você começa a despertar e emergir da fumaça e do nevoeiro. Verdade seja dita, dependendo do nível de sua domesticação e apego anteriores, pode *parecer* que uma referência ou professor, *de fato*, possui todas as respostas que você busca, já que você está apenas começando a encontrar seu próprio caminho. Mas, à medida que o botão inicial do seu despertar desabrocha, você logo percebe que, na realidade, *você possui todas as próprias respostas que busca*, e quaisquer referências de vida ou mestres nos quais você se inspire estão lá apenas para direcioná-lo para o caminho de volta a si mesmo.

Isso não significa que você não vá procurar a ajuda dos outros quando o caminho se tornar difícil; todos nós precisamos de ajuda de vez em quando. Mas a diferença reside no fato de que, como Mestre de Si Mesmo, você sabe que num nível mais profundo tudo o que você precisa já está dentro de você. Com uma percepção de abundância em vez de escassez, você se permite ser inspirado pelo talento e sucesso dos outros.

Como Mestre de Si Mesmo, você está forjando seu próprio caminho, criando sua própria jornada para sua própria evolução interior. Você é grato pelas lições de suas referências de vida e professores e é inspirado por seus exemplos, mas você não compara a si mesmo a nenhum deles, nem quer ser como qualquer uma de suas referências, porque você está completamente satisfeito com a pessoa que você é.

No fim, você entende que é único em sua experiência de vida porque ninguém mais conhece a vida pela sua percepção além de você mesmo. É libertador tomar consciência de que você só controla sua própria vontade, e esse conhecimento permite que você desfrute de tudo o que experimenta e faz. A harmonia e a paz que a guerreira tolteca sentiu no parágrafo de abertura do capítulo 1 se manifesta quando você percebe que não há necessidade de se esforçar tanto para ser alguém que você acha que deveria ser, porque você já é perfeitamente você mesmo. O *Eu sou* é uma experiência de vida, não um símbolo ou referência que você tem de alcançar. Desta forma, a batalha interior cessou, de novo, e de novo, e de novo. Como Mestre de Si Mesmo, a paz reina.

Os exercícios a seguir o ajudarão a colocar em prática as lições deste capítulo.

Mudita

Na tradição budista existe um conceito conhecido como *mudita*, ou alegria solidária, que consiste na prática de sentir alegria pelas realizações, conquistas e boa sorte dos outros. Essa virtude pode ser fácil de cultivar quando os outros são membros de sua família ou amigos íntimos, mas é mais difícil quando você sai do seu círculo íntimo.

Para este exercício, pense em uma situação em que outra pessoa recebeu algo que você queria para si próprio. Pode ter sido uma promoção no trabalho, um prêmio, um objeto material etc. Uma vez que você tenha a situação e a pessoa em mente, repita a seguinte afirmação em voz alta três vezes:

"*Eu sou grato por _____
ter recebido o bem que eu queria para mim mesmo.*"

Qual foi a sensação de falar essas palavras em voz alta? Se você for como a maioria das pessoas, pode ser difícil ser sincero em relação a essa prática, especialmente no início. Mas inseri-la conscientemente em sua vida pode ajudá-lo a substituir o ciúme e a inveja por boa vontade e amor incondicional. Fazê-lo o ajudará a enxergar além do mito da escassez. As outras pessoas não são seus concorrentes; todos recebem exatamente o que necessitam em cada momento, e isso inclui você.

Daqui para frente, ao interagir com os outros no Sonho do Planeta, tome consciência de suas reações internas quando estiver em uma situação em que outra pessoa recebe algo que você queria para si mesmo. Observe se você sente ciúme, inveja ou medo e use isso como uma oportunidade para praticar mudita.

Referências de vida

PASSO 1

Pense nas muitas referências que você teve em sua vida e faça uma lista de todas as qualidades que você viu e admirou nessas pessoas. Liste apenas as qualidades em uma folha de papel, não os nomes das pessoas. Alguns exemplos podem ser: honestidade, generosidade, tolerância, competência, serenidade, discernimento etc. Faça a lista antes de prosseguir para o passo 2.

PASSO 2

Lembre-se do que discutimos no capítulo 5 sobre espelhamento, em que alguém que você não suporta geralmente possui uma característica que você vê em si mesmo e não gosta. Bem, o oposto também é verdadeiro. Reveja a lista das qualidades de suas referências de vida. Agora, escreva o seu nome no topo desta lista. Você possui todas essas qualidades! Caso contrário, você não seria capaz de reconhecê-las nos outros. Você pode não ter a habilidade de sua referência de vida em certas áreas, mas tem a capacidade e o potencial de forjar seu próprio caminho se optar por trabalhar para isso.

PASSO 3

Sabendo que você já possui essas qualidades que admira nos outros, que qualidades você acha que os outros admirariam em você? Como você acha que os outros o percebem? Tais qualidades batem com a lista que você fez, ou são diferentes? Permita que sua inspiração o conduza.

Meu desejo para você

Ao longo deste livro, você aprendeu várias maneiras de identificar e se libertar de suas domesticações e apegos. Você descobriu de que modo fazer isso e pode ajudar a silenciar o diálogo interno negativo que produz sofrimento em seu Sonho Pessoal e substituí-lo por amor a si próprio e autoaceitação incondicionais. Quando você traz esse espírito de amor incondicional para suas interações com os outros no Sonho do Planeta, você os vê com compaixão e respeita as escolhas deles mesmo que sejam diferentes das suas. Por meio do poder do perdão, você é capaz de superar o dano causado pelos outros e perceber que eles estavam fazendo o melhor que podiam naquele momento. Dessa forma, você está fazendo sua parte para criar harmonia no Sonho do Planeta.

Você também aprendeu sobre o poder das máscaras, a arte da metamorfose e como você pode mudar para o bem de outra pessoa, desde que isso não viole sua verdade pessoal. Você é capaz de estabelecer objetivos coerentes com o que realmente deseja, e você ama a si mesmo durante todo o processo de trabalho para alcançá-los. No fim, você sabe que já é perfeito e completo, mais do que suficiente, e sempre receberá exatamente o que necessita em cada momento. Embora seja grato pelas lições que aprendeu com os outros, agora você tem confiança para trilhar seu próprio caminho, porque sabe que tudo que necessita já está dentro de você.

Como reconhece o sofrimento que a domesticação e o apego causam em você e nos outros, você não tenta mais controlar aqueles ao seu redor com raiva, culpa ou tristeza de modo a forçá-los a acreditar ou agir da maneira que você acha que deveriam. Você respeita a capacidade de todos de tomar suas próprias decisões, o que significa que você não projeta neles a máscara de quem você acha que eles deveriam ser. Pelo fato de você se aceitar do jeito que é, agora é capaz de aceitar todas as outras pessoas do jeito que são. Este é um sonho que estamos cocriando; estamos aprendendo uns com os outros e respeitando o ponto de vista individual de cada pessoa. Ninguém é mais importante do que o outro. Interagir a partir deste estado de respeito mútuo por todos os seres torna o mundo o melhor possível.

Naqueles raros momentos em que você dá uma escorregada e cai em uma armadilha, como Mestre de Si Mesmo, você é capaz de recobrar sua consciência e se recuperar rapidamente. Em vez de piorar as coisas descontando nos outros, ficando na defensiva, ou mergulhando no caos e se juntando ao drama da festa, agora você possui as ferramentas para recuperar o equilíbrio. Por meio do poder da consciência, impulsionado pelo amor incondicional a si próprio, você sabe que está fazendo o melhor que pode a cada momento. Você não precisa mais distorcer o mundo à sua volta para adequá-lo à sua percepção. Você sabe quem é e, como resultado, pode agir e falar com total confiança e sem se desculpar. Assim, sua palavra se torna impecável. Como você está interagindo com os outros com consciência e amor incondicional, você tem confiança de que cada atitude que toma será perfeita no momento. De todas essas formas, você aprendeu como se tornar um Mestre de Si Mesmo.

Perdoando o sonho do planeta

Quando pensamos em um ato de perdão, quase sempre é em referência a pessoas que conhecemos ou que nos afetaram pessoalmente. No entanto, há outro tipo de perdão que muitas vezes é negligenciado, que é o perdão pelo sofrimento que ocorre no Sonho do Planeta.

Para entender esse tipo de sofrimento, analisemos mais de perto os dois componentes que integram o Sonho do Planeta. Primeiro, há o mundo físico da matéria, com seus oceanos, continentes, ventos e alterações climáticas, onde a mudança é constante a cada ação. Este é o reino dos fenômenos, ou o mundo que pode ser visto e sentido. Em segundo lugar, existe o mundo das convenções humanas, e são essas convenções que conferem sentido ao mundo material. Este é o mundo que é criado em nossas mentes e é baseado em nossas percepções. O mundo das convenções é invisível, embora o que se manifesta dessas convenções apareça no mundo físico. Enquanto o mundo físico parece se mover por conta própria, o mundo das convenções humanas, por definição, requer a nossa participação. Analisemos dois eventos importantes para enfatizar a diferença.

O primeiro ocorreu em 26 de dezembro de 2004, quando um tsunami no Oceano Índico matou milhares de pessoas em um instante. Foi uma perda de vidas trágica, mas que foi compreendida como algo que aconteceu devido ao movimento da terra, sem o envolvimento humano de qualquer tipo. Embora o resultado tenha sido devastador, não há alguém para "culpar" por um evento como esse.

Compare-o com outro evento ocorrido três anos antes, em 11 de setembro de 2001, nos Estados Unidos. Aquele também resultou na catastrófica perda de vidas humanas, mas a causa foi significativamente diferente, pois neste caso a motivação foi humana. Tragicamente, muitas pessoas perderam a vida porque um grupo sentiu que precisava impor ao mundo sua visão de virtude com violência. Nesse tipo de tragédia, a noção de "culpa" é dirigida aos perpetradores.

Embora seja perfeitamente compreensível ficar entristecido e enfurecido com eventos como esses, e alguns de vocês que estão lendo isto podem até ter sido pessoalmente afetados por um ou ambos os exemplos, quando essa tristeza nos domina, perdemos nossa perspectiva no sonho, e um pesar debilitante, depressão e, no caso do segundo exemplo, um desejo de vingança podem se instalar. Qualquer que seja a situação, perder-se na tristeza pode nos levar a adotar uma atitude negativa em relação ao mundo, dizendo ou pensando coisas como: "Não adianta tentar melhorar o mundo", ou "O mundo é um lugar terrível".

Se você seguir esse caminho, o nevoeiro voltou, pois agora você está vivendo em sua imaginação, cheio de medo e desespero, e o Sonho do Planeta se tornou um pesadelo. Você está levando os eventos do mundo para o lado pessoal e deixando que eles definam você e seu pensamento. Você esqueceu que durante essas tragédias, muitas pessoas se levantaram para ajudar as vítimas e sobreviventes. As comunidades se uniram para curar umas às outras.

Embora seja completamente normal que essas duas tragédias evoquem tristeza, chega um momento em que superamos a perda e escolhemos perdoar o mundo por esses eventos. Você o faz porque agarrar-se às emoções negativas geradas por esses eventos impede que você evolua. Isso não significa que você vá esquecer o que aconteceu; significa que você não quer que eventos como esses nublem sua consciência e o mantenham preso no nevoeiro, incapaz de ver a beleza que está ao seu redor e o impeçam de cocriar o Sonho.

Além disso, um Mestre de Si Mesmo entende que aqueles que cometem atos de violência (incluindo membros de gangue, terroristas, abusadores, manipuladores e outros) são, na verdade, as pessoas mais domesticadas e apegadas no Sonho do Planeta, pois perderam a capacidade de ver a humanidade de outro ser vivo. Eles estão caindo de bêbados na festa, cegos por seu sistema de crenças. São tão completamente controlados por ideias que não conseguem mais enxergar a humanidade de seus irmãos e irmãs.

Só para esclarecer, perdão não significa apatia. Perdão neste contexto significa que, para criar um Sonho do Planeta harmonioso, você compreende que é responsável apenas por você mesmo. Você escolhe deixar de lado a raiva e a mágoa para trazer paz ao seu Sonho Pessoal, e dessa forma você realmente ajuda o Sonho do Planeta, para que, um dia, tragédias que ocorram como resultado da violência humana possam ser encontradas apenas nos livros de história.

Para um Mestre de Si Mesmo, a paz vem com o perdão, ao se livrar de qualquer que seja o veneno ao qual esteja se apegando. Se você permitir que esse veneno o afogue, você se tornará parte do ciclo que trouxe sofrimento a este mundo. Perdoar o Sonho do Planeta pela escuridão é perdoar qualquer ponto de escuridão dentro de nós mesmos.

Mesmo quando outros fazem a escolha de construir o Sonho do Planeta criando um pesadelo, você sabe como acabar com o pesadelo dentro de si mesmo. Toda vez que você escolhe perdoar, você cura a ferida infectada que faz você se encolher de medo e se esconder atrás da raiva. Optar por agir a partir de um estado de amor ao invés de medo sempre trará harmonia ao momento presente, independentemente do que esteja acontecendo no sonho. Perdoar é um ato de amor; por isso, em tempos de dificuldade global eu sempre direi a mim mesmo:

> Eu escolho perdoar, eu escolho me envolver, eu escolho agir, eu escolho usar minha voz para curar, e eu escolho expressar o poder de minha intenção por meio do amor incondicional.

Eu sou cocriador do Sonho do Planeta, e eu escolho encerrar o ciclo do amor condicional.

Fazendo isso, estou permitindo que a paz comece comigo. Este é o Domínio de Si Mesmo em ação, e este é o meu desejo e esperança para você.

Agradecimentos

Quero primeiramente homenagear as pessoas que me ensinaram o amor incondicional: minha mãe, Maria "Coco" Ruiz; meu pai, don Miguel Ruiz; minha Mama Gaya Jenkins; meus avós, Abuelita Sarita, Abuelita Leonarda e Abuelito Luis; meus irmãos e irmãs, Jose Luis, Leonardo, RK, Kimberly-Jean, Jennifer e Jules; meus filhos, Audrey e Alejandro; e minha esposa, Susan (Amorzinho). Amo todos vocês com todo o meu coração.

Quero homenagear e agradecer a Randy Davila, meu editor e colega de pena. Obrigado por mais uma vez me dar a oportunidade de compartilhar a tradição tolteca de minha família por meio desses livros, e por ajudar minha família da Hierophant a continuar a espalhar amor e o conhecimento que nos permite curar as feridas do amor condicional. Obrigado por tudo, Carnal, é um prazer trabalhar com você desta forma! Amo você!

Quero homenagear e oferecer minha eterna gratidão a Kristie Macris, que me ajudou a iniciar minha jornada na escrita, fornecendo-me auxílio na redação de meu primeiro livro e na criação deste. Você é minha professora neste belo ofício, contribuiu para que eu me expressasse como autor, é minha parceira e muito estimada amiga. Como você mesma diz, você é capaz de traduzir o que eu digo por me conhecer tão bem. Um brinde aos vinte e dois anos de amizade, e muitos mais por vir. *Te amo!*

Também quero homenagear minha querida amiga e irmã de ensino, HeatherAsh Amara. (Bate aqui!) Percorremos um longo caminho desde que começamos a dar aulas juntos e sonhamos em um dia escrever livros e colaborar para criar nossa arte. E aqui estamos nós!!!! =-) Vamos nos divertir! Amo você!

Muchas gracias a Dios, con todo mi Amor.
Así sea, así se haga, y así se hara.

Sobre o autor

Don Miguel Ruiz Jr. é um Nagual, um Mestre Tolteca da Transformação. Ele é descendente direto dos toltecas da linhagem dos Cavaleiros Águia e filho de don Miguel Ruiz. Ao combinar a sabedoria das tradições de sua família com o conhecimento adquirido em sua própria jornada pessoal, ele agora ajuda os outros a reconhecer seu próprio caminho para a liberdade pessoal. Ele é o autor de *Os cinco níveis de apego* e *Living a Life of Awareness*.

Conecte-se conosco:

f facebook.com/editoravozes

⌾ @editoravozes

𝕏 @editora_vozes

▶ youtube.com/editoravozes

☎ +55 24 2233-9033

www.vozes.com.br

Conheça nossas lojas:

www.livrariavozes.com.br

Belo Horizonte – Brasília – Campinas – Cuiabá – Curitiba
Fortaleza – Juiz de Fora – Petrópolis – Recife – São Paulo

    Vozes de Bolso

EDITORA VOZES LTDA.
Rua Frei Luís, 100 – Centro – Cep 25689-900 – Petrópolis, RJ
Tel.: (24) 2233-9000 – E-mail: vendas@vozes.com.br